成為你心中的好老師

好老師

幼教甄選自我成長學習手冊

楊逸飛 著

自序

最初開始認真分析教師甄試，是單純想要幫助我自己的實習生可以進到學校教育體制當中。慶幸我在現場的幾年，指導過的所有實習生都進到了學校現場。每年，我都在指導他們的過程中，重新反省自己在現場的所作所為。

進到教育現場後，我發現要找到能與自己相互砥礪的夥伴並不容易，因為職場充滿很多生活的瑣事，但是每當提到考試求職，卻意外能夠凝聚一些人專注於教學這件事情上。

我並不是真正的在教大家教師甄試的應考技巧，說穿了，我只是透過這種方式，希望提醒有志擔任幼教老師的人，不要忘了教學才是我們自己的本業。我在這本書裡面談的，都只基於最基本的教育原理，也是我自己每年不斷地實踐與改造的經驗。我們不應該只是為了要考試求職，才來談論教學，只要作為教師的一天，持續為了教育而精進自己的能力，正是我認為的教學魂。

我在指導教師甄試的過程當中，也意外地對教師的職涯發展有了很多的看見，所以在本書概念中，我希望各位讀者不要只看見考試這件事情，而是進一步思考：你想要成就怎樣的自己？你心中的教師專業是什麼？如果有一天你無法擔任教師，那你要靠什麼謀生？諸如這些問題，我都鼓勵考生要不斷地思考，甚至如果你在看完我的書，想清楚自己真正的志向，然後離開了教師甄試的領域，我也備感榮幸。所以，我由衷地希望每一位看到這本書的讀者，不要把教師甄試當作你人生的目標，而是要以「成為自己心中的那位好老師」做為目標。

目錄

觀念篇

教甄生涯的意義

你為什麼要當老師？

我從來沒有認真想過為什麼我要念教育相關科系，大學選科系時，我選教育科系的唯一理由，就只是他們錄取我而已。

不知道現在在看這本書的各位，有想過自己為什麼要當老師嗎？說實在話，我是在擔任老師之後，才開始真的明白自己為什麼要當老師。我主修特殊教育學系，在大學期間，我經歷過各個階段的特殊教育制度，因為體察到學前教育的重要性與發展性，所以選擇留在學前特教的領域當中耕耘。

有次，同事問我：「為什麼對教育這份工作總可以有很多熱忱？」。我想了一下說：「因為擅長，也做得不錯，慢慢得就變得很喜歡，而且從當中，能感受到自己的『價值』。」但那時事後想想，總覺得案情好像不是這麼單純。那陣子我正忙著搬家打包，意外找到了我啟發自己教育初衷的寶物：一件背心，一頂帽子，一個鑰匙圈和一條項鍊。

這是在我實習那年，一位奶奶送給我的。她的孫女，是我這輩子第一次接觸到的雷特氏症。

孩子沒有語言，連眼神的對焦都很困難，幾乎沒有任何跟外界的連結，只能看似沒有自主意識的遊走。因為需求程度非常的大，不論在教育或是照護上面，都是極度的吃力，還是實習菜鳥

的我，真的不知道可以為孩子做些什麼，只能盡力的陪伴她，盡一切所能的照顧她。

屆滿實習一年時，某天奶奶忽然送了我這套服裝：帽子、背心、項鍊還有一個鑰匙圈，

奶奶是原住民，帽子跟背心上的飾品，都是她一針一線親手縫上的，項鍊跟鑰匙圈上的圖騰珠，也是她親手捏塑窯燒的，整套的服飾，是她們族內的現代的「勇士服」。

奶奶告訴我，送給我整套服裝，是希望給我「勇氣」，讓我能面對未來人生路上的一切困難。奶奶還跟我說，真得很慶幸遇見我，因為她還有孫子在這一年內感受到了從未感受的愛與溫暖，是她這些年來最幸福的時候。

奶奶曾跟我說，因為孫子的狀況很嚴重，照顧的壓力真的好大，**她好希望有一天起床，可以有一台車子衝進她們家，然後她的孫子就這樣死掉，如此就可以解脫了**。可是每次這樣想，就覺得自己很罪惡，但，這又是她內心真實的期盼。

奶奶說，好幾次真的很想死，可是來到學校後，**看見孩子能被很多人關心，就覺得人生其實沒有那麼悲慘，感受到周圍人對孩子的愛，就是能讓孩子活下去的最大理由。**

實習的那年，我的內心曾經徬徨無比，不只是對這份工作感到狐疑，更失望育教育現場的混亂，奶奶給的這份「勇氣」，著實是給了我在特殊教育路上的一條重要指引。

現在回想起來，在特殊教育這條路上，最需要的不是只有愛心跟耐心，更需要勇氣。

我們必須

有勇氣，去承認孩子是特殊需求

有勇氣，去接受他一輩子可能都需要人家照顧

有勇氣，去承受就算你教了他好幾年的東西，他可能還是沒有進步的現實

有勇氣，去陪孩子面對在就學路上會遭人欺負的情況

更重要的，是要有活下去的勇氣……

所以，我不希望自己只是一名會教學的老師，我更希望自己有能力給孩子勇氣；我也希望，能透過自己在這個領域學習的一切，給予那些初踏進這個領域的家庭，能有足夠的勇氣走出來，當我看見，因為自己在這方面的一些專業能力，而帶給特殊需求家庭有面對人生的勇氣時，我就明白，這正是我從事這份工作的意義！

從事特殊教育這份工作已超過十年了，重新再看到奶奶給的整套服裝，我才理解，原來我在教育工作上的熱忱，是她們給我的！

我想告訴她：**我會帶著妳跟小霏給我的勇氣，在這個領域上，繼續努力十年、二十年甚至三十年！謝謝妳們！**

這是我的故事，當時我帶著這樣的決心要從事教職，不過失望教師職場內的制度與文化，我在實習結束後，並沒有馬上進入

公立教師的職場，而是跟隨自己景仰的教授，在體制外磨練了一些時間。

你為什麼要當公立學校的老師？

如果是希望在教育上面貢獻己力，那麼不論是私立或公立，不都一樣能展現教育的意義，而我們又是為了什麼選擇要在公立學校任職呢？是因為薪資待遇嗎？如果只是因為薪資待遇，會不會讓人覺得自己很「市儈」呢？

說句實話，在外人眼裡，教職的鐵飯碗看起來相當不錯，也引人羨慕。但我常對自己的實習生說：「如果你是為了薪資才來當老師，我勸你趕快打消這個念頭，因為老師的薪水，頂多只是餓不死，根本就不可能賺大錢，再加上你要花好多年自付旅費環島加考試，這些時間與金錢你可能拿來研究股票、定期定額和基金都可以賺不少錢，或轉行賣雞排、滷味，努力個幾年建立品牌行銷，這些行業的投資報酬率都會比公立老師好很多；更別說，萬一你真的考上而且落腳在北部，大概連廁所都買不起，就連房租的價錢都會吃掉接近你薪水的四分之一，外加現在年金改革和稅制，每個月提撥的金額又更高，你真正領到的錢可比薪資單上的少很多。」

我也先要告訴你，真正進到正式體制之後，有各種你意想不到的「實驗計畫」、「成果報告」、「教學計畫」甚至是「申訴回復」（你知道現在教師的地位可不比以前啊～）還有一堆開不完的會議，這些所謂的行政負擔，再加上你的本業「教學」，就足以磨去

你一大半的心智，此外，學校的行政效率可能會需要老師自己額外先貼錢購買東西，如果你又是那種放不下學生的老師，你在教職生涯就一定會額外付出更多的心力。這些付出的心力跟業務員不一樣，可全部都是完全沒有額外的「收入」喔！如果想要出個國，還只能選在最貴的寒暑假期間，旅費幾乎會高出淡季的一倍！

看到這裡，你確定你真的希望以薪資待遇作為進入公立學校的最高準則嗎？那說到這邊，你是否真的想清楚了自己「為什麼要進公立學校當老師呢？」如果你還沒辦法給一個讓自己百分百堅定的理由，那你要再好好的思考一番，你為什麼要來考教甄呢？

回到上一段的故事，原本對體制失望的我，為什麼後來又選擇回到公立學校的體制內呢？實習結束後的我除了在研究機構工作，也同時去進修了研究所的課程，事實上，在體制外的那幾年，確實是奠定我現在明確的教職方向與教學信念。

當時一邊工作，一邊投入研究的課程，我同時在實務和理論當中來回擺盪，再加上我深感興趣的文化和生態理論交互洗禮，我在那些年當中，逐漸體認到兩個事實：

1.如果真的希望幫到社會中最弱勢的一群孩子，公立學校絕對是最好的途徑。

只要是私立的機構，基本上會有營運的壓力，因此辦學的時候，足夠的獲利才有可能繼續經營，可是為了要保持一定的獲利程度，在服務的門檻上就很難不去排除弱勢的家庭（當然，也有志於服務弱勢的私立機構，但這些機構還是需要政府的補助才能比較好營運）。

2. 作為一名教育實踐者，如果我對於公立體制不滿，最好的方法就是進入並改善它，而非只是冷眼旁觀。

這個信念是我從關於蒙特梭利教育的小故事所獲得的啟發：蒙氏底下的孩子，如果看見廁所髒亂亂，他們會動手清潔，而非視而不見。教育現場很多瞎事與髒事，比起只是待在旁邊叫囂與抱怨，我想我還是選擇進到體制內來改變它。說實話，其實體制內改革，比體制外難上好幾倍！

基於這兩個理由，我選擇到公立學校服務。但有人問我：你難道不是因為認為公立學校的薪資待遇福利很好才來考公立教職嗎？

「當然不是，我是對學生懷有大愛才來的！」我要是這麼回答，根本就是很明顯假掰～當有人質疑時，我會大方承認：「是的，我確實因為公立教職的待遇來的，因為我知道，如果一個老師還需要因為自己的生活或工作而過度的戰戰兢兢，那該怎麼把心思全部投入到教職工作呢？」

我不覺得大方承認自己喜歡這份工作的待遇有什麼不妥，放眼望去，職場上工作待遇本來就會是最基本的，如果要說自己毫不在意待遇也未免太過，畢竟馬斯洛的需求階梯的底層就是生理需求，連這都不在乎的話，就可以去當聖人了！

而我唯一需要擔心的，就是自己在職場上「尸位素餐」卻毫不自知，我擔心自己愧對國家給我的薪資待遇，我擔心自己對孩子沒有付出全力。

那麼你呢？你是因為這份薪水才來考教甄的嗎？

承認吧！教甄其實本來就是一種很不公平的制度

不知道各位在職場時，會不會常遇到某些同事，讓你有「這種人怎麼也可以考過教甄的感受？」或者是聽聞身邊某個人考上了，你就翻了好幾個白眼！

每當我提到這個話題，總會有人點頭如搗蒜。說句實在話，各位考生千萬不要單純的以爲教甄出來的人才都是萬中之選的。我並非意指教甄有黑箱，我要點出的是：「舉凡牽涉到考試評量的制度，本來就不會有百分本的公平（社會也是這樣啊，這世界哪有絕對的公平與正義？只有勝利的人才能稱爲正義啊）」。我們學過教育評量的人一定明白，只要是評量就會有偏差，有時會高估，有時也會低估，牽涉到兩個人以上，還會有評分者誤差的問題。因此，如果不能看透這一點，各位在教甄之路上會走得滿身傷痕。

教甄委員的組成大部分是由教授、校長和現場資深老師組成，這三者的背景已經不同，每個人看重的點也不一樣，所以在選才的時候自會有不同的考量，這是其一。

其二，假設你是評審，你要在一天之內看盡10多人，一個人平均15-20分鐘，只能看他教學或問專業問題，問完之後還沒有什麼時間思考，下一位馬上就來了，然後你要在全部結束後立刻決定哪些人符合教師工作的專業標準，你覺得那個壓力有多大？（拜託，評鑑至少還有一整天的時間慢慢看慢慢想，教甄評審哪來的一天！？）

在那種壓力底下，自然會有你想不到的各種狀況。這不是你個人的問題，也不是評審的問題，這是現行教甄制度下本來就會

出現的「正常現象」。也因此，我寫這本書的目的也就教導各位考生，怎麼用一些「外掛程式」來克服這個系統可能產生的問題，以達到最佳優化的效果。

更放寬來說，其實教師甄試這件事情，無非也就只是「求職之路」而已，不是什麼了不起的偉大關卡。公司要不要用你也就一句話，只要程序符合法治規定，一切就都沒有問題。一般在社會求職的人，萬不是努力要讓面試官看見自己，一次的失敗後就趕緊檢討自己，根本不容許自己有太多的時間去埋怨前一單位求職制度的問題。

但偏偏在教甄的文化裡面，對於制度的抱怨卻是層出不窮。我想這也是因為是公職，所以大家才會質疑制度的公平性，再怎麼說，一個老師被圈進去了，春風化雨是30年，誤人子弟也是30年，因此也不難能理解大家對制度上的要求還有埋怨，再加上教師這職業，需要有很高的自我期許，缺乏足夠的自我期許與鞭策力量，一旦入行後，可不僅只有誤人子弟，連傷風敗俗的事情都很容易發生。

雖然知道制度有它存在的問題，**可畢竟不是此刻考生可以改變的事情，但能理解教甄制度下可能產生的偏誤，有助於考生在連續幾年的戰場都中有著比較寬闊的心態來持續奮戰，不會一直執著於過去沒有考上的哀傷氛圍，才有助於未來的甄試準備。**

我是個認真盡心的老師，
為什麼無法通過教甄？

　　我在現場遇過了好多好多真的好用心的老師，可是他們卻久久無法進到教甄的大門。仔細想來，十年前我也有過這樣痛徹心扉的感受，現在想起，那種心緒猶然歷歷在目：**我是個認真盡心的老師，為什麼無法通過教甄？**

　　我不曉得各位在考試時，有沒有思索過自己為何要留在這個職場？那年，我放棄教甄，是因為對於學校體系的灰心與失望，可是隨著跟隨自己景仰的老師兩年後，又燃起我希望改革教育現場的決心，於是我決定違背自己的承諾，重新投入這個戰場。

　　準備過程中，真的是相當煎熬，博大精深的教學理論，我一到演示場上卻全都忘得一乾二淨，連面對口試時，我也完全亂無章法不知所云，歷經了幾次失敗，我開始怨天尤人，我怪這個制度毫無道理可循，我怪那些瞎眼耳聾的評審識人不明。

為了孩子，我沒日沒夜地想盡各種教學策略；
為了孩子，我可以花好久的時間製作教具；
為了孩子，我會絞盡腦汁嘗試各種介入方法；
為了孩子，我可以壓低自己的身段去跟普班老師套交情
為了孩子，我可以想盡一切辦法爭取補助跟找資源⋯
為了孩子，我可以盡我全力，只為了孩子⋯
我是如此認真盡心，為什麼這荒唐的教甄制度卻不錄取我？

盡收些譁眾取寵只會逢場作戲的人？

我的用心，難道你們都沒看到？

我的用心，為什麼要任憑你們只坐在那邊15分鐘就可以定奪？

是的，各種骯髒的想法都出現在我腦中，我幾乎不知道該怎樣面對接下來的考試，一想到要再次武裝自己，把自己打扮得像小丑，然後坐在那些令人作嘔的評審前面，我就覺得渾身不自在。

陷入這種無限自怨自哀的循環當中，後來是布袋戲拯救了我（驚！）。

當時我正看著《霹靂布袋戲——霹靂天啟系列》的劇集，內容是這樣：中原陷入被惡人統領的烏雲當中，此時出現了懷有絕世神器的高人——「御荒天神六銖衣」，那把神器能阻止中原被惡人統領，但要取得神器——「天劍」，必須要是武林當中武功最高強的人，因此，六銖衣安排了比賽，決定誰有資格擁有神器，可是參賽的對象當中，竟然也有反派的角色，這些反派角色，用盡各種手段，讓中原武林高手各個身負重傷，眼看中原正派快被殲滅，眾人就問六銖衣，為什麼不把天劍直接給正道人士呢？六銖衣說：「如果在這個階段都會輸給壞人，你們會相信那個人真有能力可以帶領中原渡過這次的難關嗎？」

這段劇情，當時觸發了我心中重要的想法：「**如果那些亂七八糟的人都可以通過這個制度進到教師職場，我卻連這小小的關卡都無法克服，我要如何宣稱自己比他們優秀？我要如何說服自己，我可以把孩子帶好？**」

　　我談這個故事，無非是要告訴大家，考教甄的時候一定要看劇，因爲那可能是啓發你人生重要價值的關鍵時刻！（認眞無誤！）

　　好，回到正題，當時滿腔哀怨的我，想起了我在職場上的那些孩子，他們有很多的困難，需要我幫助他們去克服，我承認教師甄試的制度或許眞的有其不公平不合理的地方，我將教師甄試視爲一個不合理的挑戰。

　　回過頭來看**教育的現場，現場其實充斥著更多不合理不公平的現象，需要成人引領孩子成長，如果我連這區區的不太合理的教師甄試制度都無法通過，我該怎樣來爲孩子鋪陳他們的未來？該怎樣爲他們對抗這不公平的社會制度？**

　　一想到這裡，我就覺得自己眞的很糟糕，我已經是個成人了，難道還「乞求著別人」來看見我嗎？我還天眞地以爲這世界每個人都要體諒我？我還單純的覺得所謂努力就一定會有回報？

　　原來到頭來，最愚蠢跟幼稚的只是我自己。回想起來很好笑，可是，當我自己驚覺到這一點的時候，我確實爲了自己的幼稚跟愚蠢，哭了不少時間。是的，我的努力，評審看不見，**因爲他們本來就沒有義務要看見。但我眞心希望爲這些孩子奉獻，所以我有責任要讓他們看見。**

　　不管多蠢，不管我有不認同這種制度，但是回歸我的初衷，爲了孩子，我願意，我願意改變自己，我願意用盡一切取得這張入場券……。

　　十多年後，我檢視自己，好慶幸我沒有愧對那個當時的自己，雖然一路走來相當艱辛，也知道在教育這條路上仍舊充滿荊棘但，我還是甘之如飴。

　　僅用我的故事，分享給即將面對這項挑戰所有考生們。教甄這條路很難，但如果真心希望貢獻給孩子與其家庭，我懇求你們，應當用盡全力闖關，不要輕言放棄，頑固地撐下去吧！

我該和別人一起準備教甄嗎？

　　教師甄試是一條漫長的路，過程當中除了要做好能力上的準備，隨著每年考季的到來，更要有很多的心理準備。筆試單純，也就是認真看書，用紙本題目一決生死，但談起試教跟口試，芸芸眾生可就有說不完的人間試煉。

　　在準備教甄複試的時候，不知道大家會不會跟我當初有一樣的疑問：**到底有沒有需要找人一起練習呢？會不會把自己的想法跟別人討論之後就被學走了？**

　　這些年，從我直接或間接幫助過學生們身上，我才發現，**需不需要找人一起練習這件事情，要根據自己的個性來決定**。小結過去我見過準備複試的方法與各位分享。

團體戰

　　這是最常見的方式，也就是找自己的三五好友一起練習，然後再找很多有經驗的職場前輩看試教跟練口試。因為是團體戰，透過很多人的指導，就能很快地建立起基本的複試模組，也能快速強化自己試教與口試各種面向。

　　不過團體戰也有限制。一來因都是同溫層，所以複試的模組也幾乎一模一樣；二來是人多口雜，你會發現怎麼每個人講的都

不一樣？我明明照那個前輩說的修改了，可是這個前輩卻跟我說不可以這樣，那我究竟該怎麼辦？

我自己遇過一些考生，好心的職場前輩一直要幫他準備，可是偏偏前輩的教法不符合他的個性跟想法，但礙於情面，自己又不好意思修改，導致後來根本放不開，讓自己變得四不像，最終在考場上完全無法發揮實力。

人情壓力，也是團體戰的限制之一。

如果你是那種「很擔心自己方法被學走就會考不上」的人，我建議不要打團體戰，因為那會讓你承受太多心理壓力。

游擊戰

另外，有些人會打游擊戰。他們也會找人幫忙準備複試，不過並不限於自己的好友群，他們會找在各領域都有特色的前輩跟同事準備，尤其專找風格差異性大的，雖然可能會獲得極端的意見，但他們會把中間雷同的部分擷取為自己的內容，變成自己的特色。

我身邊用這種方法考上的人也不在少數，他們通常不會讓同一個人指導太多次，怕的就是產生交情之後，讓自己因人情被定型。

要能進行游擊戰，你需要有足夠定力，不被極端的意見影響，還要有足夠的區辨力，能夠異中求同，化繁為簡，才有辦法在兩種極端的看法當中殺出一條血路。

但是游擊戰的限制，就在於可能所找的人風格眞的差異太大，幾乎沒有相同的地方，導致自己連複試的基本模組都生不出來，最終只能砍掉重練。

若你的個性是無法接受太大的變化，游擊戰就不太適合你。

個人戰

這類型的考生，不喜歡跟人討論，也不想跟同批考生一起準備，很有自己想法，不太希望別人干涉，只專門找自己認可的前輩、教授進行指導，努力貫徹自己的教學信念與想法，他們不想爲了考試而服膺奇怪的價值與態度。

其實準備複試本來就不是非得要一票人共同準備，**如果你認爲自己的能力足夠，就不太需要勉強自己定要跟他人一起準備。**

我自己就是以個人戰的方式來準備教甄，我在準備的時候，只找了兩位我深深信服的前輩幫忙看幾次，然後我透過看自己試教跟聽自己口試的影片，不斷反覆地修正到我覺得非常棒的程度。

事實上，要敢看自己的教學影片跟聽自己的口試，需要很大的勇氣，雖然可怕，但這其實是一種很能提升自我教學品質的方法喔。有機會你也可以自己試試。

個人戰最大的限制就是，**要有足夠的勇氣徹自己的想法，還要有耐心等待能欣賞自己的評審，**否則，過於迥異的教學方法，不見得能被教甄市場所接受。如果你和我一樣，不太喜歡一群人鬧哄哄，也很相信自己的教學信念，打個人戰其實也無妨。

　　我覺得選擇適合自己的複試準備方法其實蠻重要的，因為不論如何，**教師甄試的好壞本來就是要自己負責，勉強自己用不適合的方法準備，只會讓自己陷於不斷的後悔當中**，如果你在過往的歷程當中，覺得自己準備的方式不太舒適，不妨就換一種方法看看。

你踩雷了嗎？
教甄口試「自我介紹」的地雷表現

　　自我介紹絕對是口試裡面必問的題目，所以充分準備是一定需要的，但根據我自身的經驗跟觀察，如果沒有後設地檢視自我介紹的內容，很容易就會模糊焦點，因而在一開始就失去了先機，無法給評審強烈的好感，所以，在準備自我介紹時，如果可以避免以下這三種狀況，就可以有基本盤，至少可以讓評審留下正面的印象。

一、努力道盡一生，卻是毫無重點

　　許多考生在口自我介紹時，最容易犯的，就是把自己所有的經歷全部列出，有些會從國小畢業的學校開始講起，大學當了那些幹部，辦過什麼活動，有的會連自己參與了那些協會、專長也全部說起。

　　其實這些內容並不是不好，只是大家可以思考一個簡單的道理，如果要知道這麼詳細，評審看資料就好（還更清楚），幹嘛還要浪費時間坐在這邊聽你說呢？所以，自我介紹應當要避開毫無重點履歷經驗，務必挑選與工作有正向幫助的資歷或經驗。一般來說，自我介紹通常介於1-2分鐘，因為時間短暫，一定要挑選出對自己有利的特質來描述。

二、過於謙虛或自信，只好下一位

對於自己過去的經歷，有些考生會強調自己其實還有很多不足的地方需要學習，而有些則會企圖展現自己過去豐富的資歷，強調自己經驗十足。

前者立基在謙虛的特質，後者則是強調自信，這兩點都是工作上不錯的特點，但畢竟是口試，想像自己是評審，我們是否真心期待一個「能力不足」的老師進到現場？我們的孩子有時間等待老師慢慢學習嗎？或者，我們希望錄取一位覺得自己已經很有經驗，對自己相當驕傲的教師？我想這兩點都不是教育現場希望樂見的。

所以，具體說來，自我介紹該呈現的其實並不是「被動靜止」的特質，而應該是一種「主動學習」特質。所謂的主動學習特質，指的是，我們自己可以從過去的事件、資歷當中獲得重要的經驗，並能運用這些經驗，來處理未來可能面臨的難題，並要能讓人看見，自己在這些過程當中的轉變。

因為教學的現場變化快速，每個世代的學生有世代的價值，不會只用一種方法就可以滿足學生的需求，所以，要在自我介紹當中，讓評審知道自己有這樣的特質。

三、無法建立個人印象，想問你哪位

既然是自我介紹，一定要在介紹完之後，讓人對你有具體的印象。教育信念跟想法自然會是在自我介紹當中需要呈現的重點

之一，不過我常看見的狀況是，考生花太多的時間在說明自己的信念，企圖為自己塑造出很有理想的圖像。

但我必須說，信念這東西非常抽象，而且其實「人人會講」，花太多時間在說明自己的信念，很容易會讓人感覺虛無飄渺，對你這個人沒有具體的個人印象。在自我介紹的時候，需要特別注意不可以談論過多抽象的內容，因為那無法讓人對你形成具體的印象。我舉個例子，當說到「我是個有愛心的人」跟「我能幫助經濟弱勢孩子爭取補助經費與獎學金」，哪一個會讓你有具體的圖像呢？

自我介紹說難也難，因為短時間內要呈現很多重點，讓人留下印象，但說簡單也是簡單，因為它可以事先預備，只要反覆修飾，就能夠樹立自己的風格。

然而，要有好的自我介紹仍必須下些功夫，畢竟它無法速成，要靠自己慢慢的修飾，因此，我通常建議我的學生，在接近筆試之前，就應該開始準備自我介紹，畢竟，公布通過初試以後離複試的時間不多，而且還要花很多時間準備教學演示，外加自己緊張的心情，會讓你沒有心情靜下來好好的思考！

你踩雷了嗎？
教甄口試「問答過程」的地雷表現

　　上一篇談的是口試當中最基本的自我介紹，這篇要談的是在口試過程當中容易失分的狀況。基本上，口試的題目千百種，每一題要如何回應，很難一一道個清楚，所以我從實際見過的狀況，跟自己的實戰經驗當中，跟各位分享口試時，應當避免成為以下這三種人：蔣泰哆、蔣泰少、蔣珊曉。

一、蔣泰哆

　　顧名思義，就是回應的時候，考生談論過多的內容，但可能這些內容都不是評審希望聽到的，又或者是太過瑣碎的細節。

　　口試大致的時間為10-15分鐘，正常來說，至少每個評審都會問1～2題左右，平均而言，一場口試下來約略可以回應5～7題。而我常見到，考生會因為每一個題目都回答太多，而讓整個口試下來只回應了2～3個題目。

　　當然口試並非答越多題分數越高，但是回答的題數過少，就容易喪失讓評審了解自己在其他方面表現的機會。

　　要記得，**口試不是申論題**，所以萬不可自己滔滔不絕講得長篇大論，你講很多，評審多數也就安靜的聽你講，不太會打斷考

生，因為回答的時間是自己需要掌握的，反正時間到了就下一位，你沒講到評審想聽、想了解的，只好隔年再見。通常會講太多，我區分為有兩個原因：

1. 想法思緒欠缺整理

考生針對某一個題目時，可能自己有很多的想法，也可能有很多的經驗可以回應，可是因為口試的時間短，如果平時就沒有把自己的思緒整理清楚，親臨現場，腦袋會出現想到什麼就講什麼的狀況，一股惱地把自己知道的全部說出來，這當中混雜了現場描述、自己的想法感受、結論、補充…等，也不管那些內容到底有沒有用處，反正一時緊張，想到啥就講啥了！如果是這樣的表現，當你講完的時候，評審前面也全部忘得差不多了，也可能順便把你這個人也忘了。

2. 缺少練習詞不達意

平時與人對話的時候，如果用詞不精準其實無傷大雅，因為聆聽的對象如果不懂，會主動提問，我們自己再做修正。

但口試不是在聊天跟討論，是在「向他人清楚傳遞自己的想法、觀念與專業知能」。想要在短時間之內達到這個目的，精準的用詞是絕對必須的。在應答的現場當中，如果你發現自己的說法沒辦法傳遞你的想法，你會很習慣用另一種說法來補充，但卻發現這個補充又不太完整，會再用另一種說法來補充…如此，不斷地陷入用語言來解釋語言的輪迴。

　　或是另一個常見的狀況是，很擔心評審誤會自己的意思而拼命解釋，導致整個回答過程，都只是在補充自己話語的不足之處，而沒有時間回答到問題的核心。

蔣泰哆小劇場

評審問：如果你上課的時候班上有孩子尿褲子怎麼辦？

蔣泰哆：上課時小孩如果尿褲子我會幫他換，但我不是說尿褲子就一定要老師幫他換，要看他自己的能力夠不夠，如果可以我會希望他自己換，但我也不是說一定要都他自己換，有時候他可能是身體不舒服，這時候我會幫他換。

不過因為講到是上課的情境，那要看是上什麼課，如果是體能課，不是我主教我就可以處理，但如果是我主教我就沒辦法處理，可是不要誤會我的意思，我不是說主教的老師就不能處理尿下去的小孩，平常我也會幫忙處理的，只是因為是主教，所以我還是要看當下大家的進度才能決定。所以我可能會請協同老師幫忙。啊如果是主題課的話就比較沒辦法，因為我在前面講課，可是我上主題課也不是都在前面講，我還是會帶一些活動讓孩子探索，如果他尿褲子就會失去這些機會。

我自己的經驗，現在尿褲子的學生很多，但老師要給他機會學習，不要都幫他換，不然他就沒有機會練習。還有，如果他自己沒有帶褲子，我會請他去跟別人借，但我不幫他開口，我要讓他練習自己開口，因為尿下去是自己的事情，他應該要學會負責。

二、蔣泰少

　　相較蔣泰哆，蔣泰少大概也讓人昏倒。如果蔣泰哆是把口試當申論題，那蔣泰少就是把口試當**簡答題**。我也遇過不少考生，很單純的聽到題目，就只談答案，堪稱「句點王」。我遇過最經典的是一場口試下來，可以回應十多題，讓評審苦於想題目來問（畢竟口試沒辦法提早結束，只好努力找話聊⋯⋯）。

　　口試並非申論題，但也不是簡答題，評審並不是「真的不懂」這些問題才來問你，萬一你真的好傻好天真只針對問題本身來回答，那也只能說謝謝再聯絡了！在口試當中蔣泰少的原因，我區分為兩種：

1.平時教學沒有自己的想法，只是照本宣科

　　如果考生平時在實務工作，沒有養成針對教育工作提出想法、意見的習慣，在臨場的應變上，很容易就會無話可說。口試希望看到的特質是：**一名老師能不能在現場中，針對每一個特定的情境，揉合教學理論，實踐出最佳的實務工作品質**。倘若考生對教學本身一點看法都沒有，大概就只能在口試當中敬陪末座。相較於蔣泰哆，蔣泰少的表現其實更糟，因為這很容易就凸顯出自己對於教學工作的不專業。

2.單純在口試場合的社會性理解有問題，覺得直接回答就可以

　　好吧，如果你真心覺得口試就是只要回答題面上的意思，那我也是尊重你的看法，也許會有評審喜歡你的天真直率，也不無可能，就不要自我設限了！走自己風格，去吧！

蔣泰少小劇場

評審問：如果你上課的時候班上有孩子尿褲子怎麼辦？

蔣泰少：請他自己換。（以下空白）

三、蔣珊曉

　　是的，這也是口試的大雷包，答完題之後，如果自己都不知道自己在講三小，表示你中雷了。不要覺得不可能發生在自己身上，口試的臨場緊張，會讓你發現自己心跳的極限，原來可以超越自己所想。

　　這類型的表現，常常是回答的內容跟題目幾乎是八竿子打不著的東西，通常評審如果第一次沒聽到想聽的，好心一點會再重新提問，然後再解釋一下題目的意思，以確認不是自己提問不好造成考生雞同鴨講。

　　所以，再追問之後如果還是不能切題，只能說你錯過了命運的尾巴～就讓後面的考生代替你吧！成為蔣珊曉的原因我歸納有以下：

1.緊張到題目只聽一半

　　甄試很緊張沒錯，但好歹你能走到這步也很厲害了！想想有多少人沒辦法進到這個會場？很多考生就常常因為緊張，對評審的題目，只聽到關鍵詞卻沒有將整段話串連起來再回應。例如：「如果你上課的時候班上有孩子尿褲子怎麼辦？」偏偏你只聽到「上

課時」、「怎麼辦」，然後就談起了自己課程設計的方法…，或聽到「尿褲子」，就很直接地說幫他換，並開始分析起尿褲子可能的原因，根本疏略了「上課中」的情境。以這題來說，應該要針對在上課這個情境當中，孩子尿褲子，教師的處理順序、方式、協同狀況跟後續的個案輔導來進行完整的應答。是以，如果因為緊張而變成蔣珊曉，我真心覺得實在是對不起自己啊！

2.聽不懂題目在問什麼

從這點來看，大概就是自己的語言理解有困難，導致無法理解評審的問題，例如問：「如果你上課的時候班上有孩子尿褲子怎麼辦？」但你卻開始論述，這就是家庭教育的失敗，一定是家裡沒有教好，然後又分析起了整個社會的價值觀；又或者自己陷入那種「都大班了怎麼可能還尿褲子？可能需要看醫生」的自我想像，最糟糕的是，還追著評審問，這個孩子有沒有經過鑑定？是不是特殊生？完全沒有理解這個題目真正的意思。

通常這種表現的考生，要嘛就是對自己的想法太過自信，不然就是真的在語意的理解上有特別需要克服的地方。如果是前者，就只能勸你要低調一點，過度自信在口試試場上不太容易獲得青睞；如果是後者，就真的需要一些特殊的練習！

蔣珊曉小劇場

評審問：如果你上課的時候班上有孩子尿褲子怎麼辦？

蔣珊曉：我家的孩子，我很早就訓練他會表達如廁，我覺得上廁所是家庭教育的根本，來到學校就是團體生活，這些能力應該要在家裡就該訓練好，可是現在很多都是雙薪家庭外加3C保母，父

母都把責任外包，導致很多小孩來學校如廁能力都沒有建立好，我覺得政府要負很大的責任，身爲老師，我們也有義務要跟家長傳遞正確的觀念，不能說什麼孩子的事情通通外包，這是不對的。

上述這三種狀況，在問答過程中，不會只出現單一種，**通常自己很有把握的題目會蔣泰哆，很不擅長的會蔣泰少，覺得輕而易舉地或是難如登天的題目會變蔣珊曉。**

那麼，很實際的問題是，要如何避免自己成爲蔣泰哆、蔣泰少或蔣珊曉？事實上，不論口試的題目怎麼變，評審在每一題其實希望了解的，不出以下三點，如果你的回答足夠回應這三個重點，那就是「**蔣剛好**」

多數口試題目背後真正要了解的

1.你對教育專門知識的深度有多少？
（對教育議題基礎知識之理解程度）

用白話來說，要考你的是：你懂這是什麼嗎？基本該如何處理或回應？因爲要成爲一個老師，在各方面的教學面向上，至少都要有基本的理解，所以口試題目都會包含很多現場的狀況，用來測試考生是否能對現場當中的狀況有通盤的掌握。

2.你對教育相關知識的廣度有多少？
（對教育議題實務運作之處遇能力）

在這個面向，我們更想進一步知道，考生有眞正處理過這些狀況嗎？除了依照理論上的步驟之外，要如何因應教育現場的特

殊條件才能做得更好？你能不能從其他面向來切入處理這些狀況？

3. 你在教育實務工作的特質是什麼？
（**觀察考生有沒有具備教師應有的條件**）

整場口試下來，評審會根據考生的整體表現，來推斷這個人是不是具有教師的重要特質，如果你能掌握住前面兩點——專業的深度與廣度，整體的表現絕對不會太差，就很有機會讓評審能留下深刻的印象，讓人覺得你是能勝任這份工作的人！

看似簡單的三點，要在那短短的十多分鐘呈現絕對是不容易的，因此，我對自己的實習生很強調，平時要養成兩項能力：

1. 教育理論與實務的對談之習慣。

2. 口條清晰言簡意賅的表達能力。

若在平時就能多思考、多表達，基本功能夠打穩，只要稍微訓練一下口條，在口試要拿低分，其實還很不容易！

教甄口試的小眉角

Q.衣服要怎麼穿？學前階段一定要有圍裙嗎？

教甄口試的服裝跟一般上班口試的服裝會有很大的不同。通常是先試教再口試，有時候也會先口試再試教，就看考試單位的安排，但不論如何，服裝的搭配還要考慮到試教時的情境。

在學前階段，通常不會穿西裝、洋裝來試教，因為要蹲低身姿跟唱唱跳跳，這些衣服會讓幼教老師顯得有點詭異，所以必然是要選擇正式但又方便教學的穿著。

基本上也就一個簡單的原則：**乾淨俐落又帶點專業氣息。**

至於圍裙大概也是所有幼教老師的基本裝備，但我自己都是讓圍裙有它的功能在，挑選適當大小、有口袋的圍裙，方便我收納圖卡跟教具。我也看過有老師沒有穿圍裙的，但會有自己合適擺放教具的籃子，就看自己哪一種方便。

Q.一定要有三折頁嗎？

越來越多縣市不要求三折頁，因為會透漏太多個人的背景訊息而引發爭議，所以就看各縣市的規定，有些也會要求簡歷，但也要再另外注意，所謂的「一張」，到底是指一面，還是雙面？部分縣市會因為規定不符而不讓考生把資料帶入場內，所以這點務

必要在事前就向主辦單位確認清楚，不然當天有突發狀況會讓自己措手不及喔！

Q. 可以說自己畢業的學校嗎？

我個人的建議是不要，原因是：你不確定在你面前的評審有沒有過度的「校本情節」（特別偏愛或討厭某些學校的學生）。我自己身邊（包含我自己），在這個領域內遇過太多校本情節嚴重的評審，他們會特別偏袒或是特別貶低某些學校的考生，因此，透漏太多自己的背景資料，不見得對自己有利。現在也有些縣市為了防弊，所以也會規定不可以攜帶個人資料跟提及個人的畢業/實習學校。總之，只需要說明自己試合格的師資生就可以了。

Q. 答題時要不要說謝謝？

很多人會建議聽完問題後要說「謝謝評審的提問」，因為是一種禮貌，這其實沒錯，但想像你是評審，一整天聽下來，大概也覺得麻痺或有點煩了。其實也沒什麼好謝的，大家就是按規矩來辦理甄試而已，我還覺得應該要謝謝當天學校沒領薪資的工作人員比較實際。

回到問題，我的建議是，可以在開始的1～2題跟最後結尾的時候言謝就好，中間的題目就可以省略說謝的部分，把這幾秒省下來回答問題比較實際。但是，當我需要思考的時間，我就會說

「謝謝評審的提問，但容我稍微思考一下」，然後花個十多秒整理自己的思緒，繼續回應。

Q.很常聽說回應時要條列式說明，這樣真的比較好嗎？

條列式說明，是口試常用到的「一種方法」，也是很多人會用，不過想像一個評審每一場都被「條列式」轟炸，大概也覺得乏善可陳，容易失去注意力。所以，我並不建議考生每一題全部都使用條列式來回應，因為我自己在現場聽來會覺得有點「矯情」，矯情的意思，不是說考生不真誠，而是每一題都用這樣的方式回應，會讓人覺得古怪，畢竟，並非每一種題目都適合條列式。

我特別強調這只是「一種答題的方法」，事實上，還有「很多種答法」可以配搭，這就需要靠考生自己琢磨衡量了！

Q.問到我不會回應的題目，可以直接說不知道嗎？

有些人會建議遇到這個狀況，應該要據實以答說自己不知道，這也沒有不對，可是，萬一評審接下來問的問題你都不會回應，難道就一直說不知道嗎？通常連兩題說不知道，大概就會在評審心理安排在後面的序位了。

當然，我也不是鼓勵考生硬凹，因為硬凹也一下就會被戳破。在口試的應答技巧當中，有一項能力很重要，就是「轉移提問的焦點」：當遇見自己不會的題目，考生有沒有辦法從提問當中，拉

出相關的重點議題，成功將提問的焦點轉換到自己擅長的領域。這就是平時要下的功夫了！

我所說的轉移焦點，並不是指避而不答回應其他不相關的內容，有些問題你可能沒有完整的聽過，或只能算是略懂略懂，擔心自己回應得不好，那就要從這個議題裡面的一些概念，提取出與題目有部分關聯，而且是你擅長回應的題目，以此來拉抬在整場口試中的表現。用戰術來說，比較接近是「聲東擊西」。教育體系的概念都有整體性，如果自己平時就有在耕耘，有些沒聽過的議題，你還是可以用基本的理論知識下去論述連結，還是不會差太遠的！不過，轉移焦點這畢竟是權宜之計，如果你一整場都在轉移焦點，表示你根本沒有準備好相關的教育專業知能！

因此，若能力所及，我並不建議直接回答不知道，因為這個「Quota」，在口試當中只有一次，用掉就沒了，應當要儘量訓練自己能正向轉移提問的焦點比較妥當。

Q.回答的時候可以一直看著評審嗎？

眼神的對焦也是一門藝術，通常剛開始會與提問的評審對眼，可是從頭到尾只看那個評審，無法展現出自己整體的參與感。我的做法是，在口試的同時，也用餘光環顧其他評審，雖然眼神焦點在提問人身上，但是當感覺旁邊的評審本來低頭卻忽然抬頭，或是皺眉、身體向前傾，就表示我的內容可能引起他的興趣，這時候把目光轉移到他的身上去，就能讓評審對我保持關注，而

當答題進入尾聲的時候，就會把目光移回到最初提問的評審身上。如此，就能讓自己在整場的口試當中，留有強烈的參與感！

以上幾點小眉角，供考生們參考。末尾，我想勉勵考生們，關於口試跟試教的準備，請務必保有這個心態：「你不需要變得很厲害才開始，但你一定要開始才會變得很厲害」。

努力朝自己的理想邁進吧～

成為
你心中的好老師

教甄自傳怎麼寫？
兩原則三架構幫你搞定

　　雖然現在很多地方的教甄都已經不看自傳，但難免還是會有些地方要求考生要提供。我個人不太覺得自傳的外觀格式的與內容足以影響考情太多，但不可諱言，有好的形式與豐沛的內容，確實能夠讓評審為自己留下一點好的印象分數，更能傳遞自我的價值，縱使只有幾秒鐘的時間，也能勝過一大票無法讓人眼神駐足的自傳表件，更重要的是，可以為接下來的口試爭取到好的開始。

　　那，教師甄試的自傳究竟該怎麼入手比較好呢？我想，必須要先搞清楚自傳的目的。

教甄自傳真的不是自傳，也不是個人履歷

　　雖然稱為自傳，但請把這份自傳，當成是一封求職信，目的是要讓面試你的人來判斷你有沒有具備教師的潛能與資質，所以，完全不需要把你從出生到現在的一切通通寫進去，你家的阿貓阿狗也跟評審無關，除非阿貓阿狗是引發你從事教職的重要元素，那寫進去就有意義了！

40

個人履歷是把你的相關經驗以表列的方式列出來，是屬於外在特質的呈現，而自傳可以說是你個人內心的呈現，換句話說，要展現的，是那些資歷對你個人產生了怎樣的改變與想法，或是形塑了怎樣的信念，要看的是內在特質。

教甄自傳不是自我幻想也不要過度謙虛

自傳是為了要佐證你能擔任教職的重要文件，如果你在自傳之內只是不斷的自我幻想我有多認真，我有多愛孩子，我有多想要這份工作，那完全只能讓評審更快速把你刷下來，千萬不要在自傳裡面過度強調自己的好，請讓你的「經歷」為你說話。

而另外一種現象是過度謙虛，你在自傳裡面寫著自己很努力，很希望有機會替孩子服務，希望人家施捨給你這個機會。面對這種寫法，我也想建議你可以職訓中心學一學再來了。教甄要的，是一個已經有充分經驗，具有專業素養的教師，我們不是應徵一個老師來給你學習的機會，你想學，就去當學生，等你學好之後再來工作吧！

延續上面的論述，我提供兩點原則三種架構供大家參考：

原則一：個人的事件與經歷，請務必經過篩選

許多考生在寫自傳的時候，太過鉅細靡遺，我一定會先請考生釐清自己考教甄的規劃，和未來擔任教職的經營重點，然後依照這些規劃與重點，篩選出有意義的事件經歷。

　　我見過考生寫了在他大學時代參加過魔術社演出，我想問他：然後呢？我們是要應徵魔術師嗎？或你要表達你很會騙人？

　　我不是說參加過魔術社不好，但，參加魔術社對你應聘教師有沒有直接的意義與幫助？如果沒有，那為什麼要寫進去呢？如果你應聘的，是專長才藝老師的缺額，我就會覺得這項資歷很有幫助。

　　多數考生會有一種迷思：覺得自己的資歷越多好像越好，但就選才的角度來看，重點在於應試的人有沒有過相關的經驗與能力證明，比起你寫了十多項完全無關的經歷，不如只提出一點重量級的經歷，例如：參加過特定的師資培訓或相關證照。

　　因此，自傳當中的個人事件，一定要仔細篩選。請挑選與幼教有相關的資歷，又或者你寫了，就要想一想這個資歷可以跟幼教有什麼關係？因為這可能就會成為口試的問題囉！

原則二：文字內容採具體清晰，避免過度浮誇

　　「我曾參加偏鄉弱勢的關懷計畫，對於偏鄉的孩子有一種使命感。」

　　「我是一個相當有愛心的老師，我超級愛小孩，正義感強烈。」

　　你覺得上面兩段話，哪一個會讓你覺得具體不浮誇呢？教甄自傳的內容要從具體的事件切入，然後剖析個人內在的心理歷程，讓看的人能理解你心理素質。所以，過度浮誇不是一個好現象，但只要讓文字具體清晰，其實就能要避免這個缺點。

接下來，就我個人經驗出發，分析我看過的自傳類型，提供以下三個架構參考。

架構一：直敘法

這是最簡單，也是最一般的方法，把自己的各項經歷，按照時間陳列，把你經歷過的重要事情寫出來。這大概是所有人開始寫自傳的方式，我想應該是因為我們從小就被這樣教導吧。

直敘法重點，在於把學習成長過程依照時間區分成幾個階段，每個階段羅列出你認為與教師有關的重要特質，或是能為自己加分的事件。基本的架構大概就會分為成長過程、求學期間、實習階段、代理階段……等。

用直述法會讓人清楚知道你的過去與現在，但缺點是重點在後面，看的人要有耐心才能看到結尾。

架構二：倒敘法

大體上與直敘法差不多，只是順序相反，把重點放在前面，直接破題讓人知道現在的你是怎樣的老師，把你的特質盤整之後，回推到自己人生經歷。

倒敘法的特色，在能讓看的人清楚知道現在的你。而教甄時在乎的也就是現在的你，至於你的過去，就不會是太重要了！

如果考量評審閱讀自傳的數量與時間來看，比起直敘法，倒敘法可能會比較能抓住評審的眼光。

架構三：故事線

人生的改變通常不會是按照順序發生的，太多的時候，過去發生的事件只是在你心中埋下一個點，然後會於現在或未來的適當時刻被觸發，把自己所有的經驗串聯起來。

因此，故事線的寫法，就是把你的人生重要經驗劃分出來，試著思考：是哪些事件造就了現在的你？哪事件改變了以前的你？

用故事線撰寫，你不需要按照時間順序，而是應該要把類似的經驗交織重疊在一起，讓它看起來像是一個完整的脈絡，讓你的資歷與經驗鋪陳出你個人的特質與信念，也請記住，自傳強調的是你內在心境的成長而非外在環境的轉變！

故事線的寫法並不容易，你需要完整回顧你自己的經歷，仔細推敲那些事件是彼此相關，有哪些重點是與你應考的職缺有直接相關？我稱之為故事線的寫法，也是因為你需要真實的說你人生的故事，才能讓看的人對你的內心世界產生認同！既然是故事，那一定要有重要的情節與衝突，才能引人入勝！

除此之外，更可以把你的各種經歷用往上一層來鋪陳，劃分出不同的關鍵時刻，像是醞釀期、開展期……等，或是採用起承轉合的方法敘寫。

另一種表現層次，則可以選擇用里程碑把故事拉出來，但不要有結尾，讓讀的人可以在口試的時候對你此時此刻深入詢問！

對於這三個架構稍有概念後，我用一小段句子來呈現這三種架構，讀者自行判斷讀起來的感受。

直敘法

實習時候，我遇到了一位罕見疾病的幼兒，我覺得他很辛苦。實習結束後，我開始到到私立園所代課。代課的一年，什麼都還在學習……，到了第三年，我遇到了第二位罕見疾病的幼兒，讓我對罕見疾病有更深入的認識。

倒敘法

去年我在代課的時候遇到了一位罕病幼兒，但我的教學生涯中，不只有這一位，在實習階段就曾經遇過，遇到這兩位罕病的幼兒讓我的教職有很大的轉變。

故事線

我在代課的第三年遇到了一位罕病的幼兒，當時我覺得他非常熟悉，某天我在整理教學檔案時，想起了實習期間的那位罕病幼兒，這兩個經驗的連結，讓我對於罕見疾病非常的重視。

除了上述的撰寫方式，我另外提供可以爲自傳增添色彩的兩種方法：

方法一：凸顯重點

我還是提醒考生一點，寫教甄的自傳不是真的自傳，說到底是一封求職信，當你在撰寫的時候，請不要為了填滿頁面寫了一大堆廢話。

怎麼樣知道是廢話？我建議考生，寫完一大段之後，你自己看看有哪些內容你會想要用黑字粗體把它標起來？那就是重點。

如果你通篇都畫不出來，那整篇都是廢話。

如果你通篇都想畫出來，那整篇也是廢話。

比較理想的比例，看上去重點大約介於2-3成之間。評審要看自傳的時間很短，除了內容言之有物之外，也要讓他在短時間就看到你要表達的，這樣的自傳才會讓你有加分的作用。

方法二：圖像化

一張圖勝過千言萬語，如果可以，**應該盡可能用圖來表示，因為好圖就可以讓人秒懂。**但我知道有些地方的教甄，會規定不能調動格式，至於否接受圖表，還請考生確認清楚，如果無法使用圖表，那你就需要在文字上多下點功夫。

另，為了讓大家更能感受這種敘寫的變化，經我認真的學生同意，呈現他在自傳的修改歷程，應該更能幫助大家理解該如何準備自己的自傳。

第一版

　　各位評審委員好，我的名字是郝得尚，個性活潑外向、正義感強，對教育非常有熱忱，是個有同理心也很貼心的人。課業之餘，便會從事家教工作、課輔老師、參與老師的研究，來增加自己的教學經驗以及充實特殊教育的知能。

　　家中有父親、母親、兩個哥哥和我共五人。父母秉持著「身教重於言教」的精神來教導我們，而媽媽是護理師，從小就從媽媽的身上學到了愛心、耐心、接納他人還有如何照顧人；爸爸是業務員，從小便從爸爸身上學習如何與人應對進退、溝通協調，以及一些待人處事的道理。

　　由於在求學階段，不論是國小、國中，甚至是高中，都會遇到特殊學生，而同學對於他們避而遠之的現象，似乎一直都沒有停止過，每每看見他們被孤立，心理莫名的不好受，於是我便下定決心要陪伴以及幫助他們，所以大學就讀特殊教育學系，希望能夠成為一名特殊教育老師，透過所學的專業來幫助這些特殊小孩們。

　　而我會選擇幼教的原因，除了非常喜歡學齡前的孩子以外，我認為學齡前的孩子是最有發展潛能的，只是需要一個認真、用心的老師去啟發，讓孩子變得更進步。

第二版

動人的教育

　　由於父母秉持著「身教重於言教」的精神來教導我們，而媽媽是護理師，所以從媽媽的身上學到了**愛心、耐心、接納他人還**

有如何照顧人；爸爸是業務員，也從爸爸身上學習如何與人應對進退、溝通協調，以及待人處事的道理，因此我著迷於能夠「與人」相處的職業——教育。

動人的特殊教育

而在求學的任何階段，都會遇到所謂的「特殊學生」，同學對他們避而遠之的現象，從來都沒有停止過，**每每看見他們被孤立，心理莫名的不好受，讓我更下定決心想要透過「教育」來陪伴以及幫助他們**，所以大學就讀特殊教育學系，**希望能夠成為一名特殊教育老師，透過所學專業來幫助這些特殊小孩們**。

培養相關知能

對於教育的熱忱驅使我積極參與老師的研究，包括協助老師至衛生所尋找有意願的家長填寫檢核表、針對疑似的孩子進行很麻煩測驗，再進一步家訪、設計課程，來增加自己的教學經驗、充實特教知能，培養親師溝通的能力。不僅如此，**我參與了學校所舉辦的海外志工，亦培養了團隊合作、換位思考的能力**，也讓我深信**教育不僅包含「專業知能」，更是包含「愛」**。

成為孩子的人生導師

我會選擇學前階段的原因，除了喜歡學齡前的孩子以外，我認為**學齡前的孩子是最有發展潛能的**，只是需要一個認真、用心的老師去啟發，讓孩子變得更進步，**而我期許自己能夠成為啟發孩子的人生導師**。

第三版

原來「教育」不只是習得知識，還能夠讓人感受到希望。

在求學的任何階段，都會遇到所謂的「特殊學生」，同學對於他們避而遠之的現象，似乎從來都沒有停止過，每每看見他們被孤立，心理莫名的不好受，當他發現我接納他時，他的行為在別人眼裡似乎就沒有那麼特殊了，**讓原本沒有自信的我，才發現自己擁有更多，是他讓我相信原來我也有幫助別人的能力**，回想起來才驚覺，為什麼我如此著迷於「特殊教育」。

「金玉其外，敗絮其中」，這句話激勵著我前行。

我開始感受到僅有教育熱忱和愛心是不夠的，但也由於這兩個因素驅使我積極參與老師的研究，包括協助老師至衛生所尋找有意願的家長填寫檢核表、針對疑似的孩子進行很麻煩測驗，再進一步進行家訪，以及設計課程，來增加自己的教學經驗、充實特教知能，培養親師溝通的能力。不僅如此，**我參與了學校所舉辦的海外志工**，亦培養了團隊合作、換位思考的能力也讓我深信**教育不僅包含「熱忱、愛心」，更是包含「專業」。**

「老師你會不會回來？」是一直縈繞在我耳邊的一句話。

最初是參與海外志工在當地聽見孤兒院童對我們說的一句話，原本沒有深刻的感觸，**直到我實習時所遇到的孩子，他們的家庭背景狀況相似**，才讓我對於這句話有深刻的體悟，原來這句話的背後包含了多少期待和信任，**也讓我感受到什麼是「實質平等」**，我不斷思考如何在這有限的時間內，讓孩子成長與進步。

我認為**學齡前的孩子是最有發展潛能的**，只是需要一個認真、用心的老師去啟發，讓孩子變得更進步，**而我期許自己能夠成為啟發孩子的人生導師。**

成為
你心中的好老師

最後，我挖出我自己的內心世界給各位參考，當然教甄可能無法用這樣的格式呈現，但我只想描述故事線的感覺。

我呈現的這段，是我從特教、幼教到教育社會學的心境，也是我想說的故事，我想告訴他人，我為什麼會選擇投入教育社會學的領域。

你能看到我沒有按時間順序寫，我只是把人生中幾個種一的轉折放在一起，因為我確信這些轉折點，是促成我改變的關鍵，回過頭我才發現，自己原來是這樣走過來的。

老實說，我自己在寫這段故事的時候，是真的有不少的心情起伏，因為這些都是我內心真實的想法！

我的自傳範例

醞釀期
一句「我好想車子把我的孫女撞死」，讓我深刻體會「教學的無力感」

大學時代學習的是特殊教育，我從大一開始就到特殊教育機構實習，範圍涵蓋由幼兒到成人階段都有，因為橫跨了各種階段，我開始好奇，對於這些身心障礙的人來說，小時候的樣子是什麼呢？是怎樣的教育成長過程造就了現在的他們？如果在還很小的時候，有沒有機會讓他們的現在過得更好？於是我便決定投入了我認為最重要的階段——幼兒教育。

實習那年，遇見了罕見疾病雷特氏症——小霏。小霏的奶奶因為不堪長期照顧的壓力，某天告訴我：「老師，我好想要一早醒

50

來，就有車子把我的孫女撞死，這樣我就解脫了。可是我又真的好愛她，不想她死……」。

當時我才深刻感受，原來教學之外，還有更多的東西需要被支持著，奶奶照護的壓力不僅僅只是因為孩子的障礙，而是有更多的因素讓她感受不到希望。如果擔任老師永遠「只會教學」，那對孩子的生命幾乎起不了作用。

沉澱期
面對職場的紛擾，我從教育哲學當中得到沉澱的力量

進到教育職場後，各種因素不斷的影響教學現場，教師間的文化、教育政策、學校系統、學生的族群、幼教課綱的制定…等，在這些因素底下，教學的實踐似乎是越來越困難，有好一段時間，我幾乎無法知道自己的教學到底是不是正確，甚至面對教育行政現場的混亂，讓我覺得教學是一件無效的事情。

教學職能停滯的期間，我開始尋求哲學的觀點，我開始思考人是什麼？教育的目的是什麼？幼兒教育與特殊教育的目的又是什麼？我為什麼而教？有了自己的教育哲學後，我開始不會拘泥於各種教育學派的理論框架，我唯一需要專注的，就只是回到學生的身上：怎麼做，才能帶給學生最好的生命經驗？從哲學當中，我才逐漸把自己抽離出職場的紛擾，用更高的視野來看待教育。

認同期
碩士班的多元文化，開啓我對教育社會學的認同

碩士班的教學評量與多元文化課程，讓我有機會認識了生態理論，我才能將教學現場的經驗，置入生態理論的架構中，然後，我逐漸明白了自己是在整個教育生態的哪個位置，以及我該如何

把自己從微觀系統轉換到中介系統，或甚至有沒有機會參與到外圍系統的運作，更甚者，我有沒有意識到鉅視系統對我的影響是什麼？

這些基礎的理論加上多元文化的觀點，讓我自己開始有意識的，把教育現場跟社會環境相互連結，然後看見各種不同層面的影響，並認同教育社會學的立基：探討教育與社會之間相互關係，運用社會學的觀點與概念分析教育制度，以充實社會學與教育學。

開展期
看見微觀系統之外的影響，我開始致力教育政策的改變

隨著教學年資與經驗的累進，我開始有機會擔任相關教育決策的職位，而面對每一次的決策，我總是需要從不同的觀點來評估決策對教育現場的影響，深怕因為自己的視野偏頗反而影響了教育現場的品質。

也因為有了一些實務的經驗，我走出自己的教室，我想要傳遞自己的教育信念，我想要透過影響更多的現場老師，然後讓這些老師可以影響更多的孩子。走到職涯發展的中段，我希望自己能有更多的理論基礎與視野觀點，好讓我未來能教育職場上，能為這些學生鋪陳更好的學習環境。

我的工作具有雙重身分

一個是階段「最小的」幼兒教育，

一個是人數「最少的」特殊教育。

因為這兩類型的孩子，讓我深信，國家教育應當要為這些弱勢的孩子造就更好的學習環境，也應當盡力去彌平教育現場中的各種不利與不均等的因素，因為，教育是能促進階級流動最有效的方法之一。

教甄筆試完全解析！
打造你的不敗筆試技巧

　　教甄的第一關就是筆試，很多縣市的筆試其實都已經不採計分數，但也正是因為這樣，筆試完全就只是一個門檻，這個門檻沒有通過，後面你再厲害都沒有用。

　　我分享過許多演示與口試的技巧，卻也遇過更多的老師問我：「到底該怎麼準備筆試」。以前的我通常會說，筆試就靠自己，也沒有人可以幫你。讀不讀書，就只能看你自己。

　　但現在回想，我覺得我這話只說對了一半。

　　我鼓勵考生讀書，但又不是只有讀書。我自己在準備教甄的那年，並沒有非常特別刻意的去準備與記憶考古題。

　　我覺得自己不算是一個很會考試的人，因為我的記憶力並不強，若真要說，我靠的是讓自己努力理解，而且是透過實踐的方式來理解。我這麼做的原因，並不是因為要考試，只是因為我認為書本來該要是這樣讀的。於是，面對那麼多人跟我提了這個問題，我也就整理了自己的看法，供各位參考。我更希望不只是考生，連同現場的正職老師，我都希望各位要持續的讀書！

　　我直接總結，我從大學畢以後，準備各種大大小小筆試的重要關鍵：「**廣泛閱讀專門書，臨考才看考用書，實作理論最有效，思考辯證是王道。**」

　　就這樣子而已。其他什麼筆記的方法、每天念多久、組讀書會啊、寫考古題啊，這些都不會是我想分享的重點。

　　哥想讀的不是書，而是一種學習的態度。

　　你問我，筆試該怎麼準備，我就想檢討你，平常書都怎麼讀？

　　要知道，考用書與專門書不同。考用書顧名思義就是爲了讓你考試用，不是在釐清你的觀念，所以考用書會省略很多重要的概念，只提供簡單的答案，但我們無法從考用書當中獲得足夠的知識與概念。

　　在某一個專門領域當中，如果你沒有充足的知識與概念，就沒辦法從事高層次的思考，書上的內容無法有效地被你吸收，只能停留在「記憶」的層次，達不到「理解、應用、綜合」的表現，更遑論要「評價與創造」了。

　　考用書省略很多背景知識，所以你讀考用書，唯一能依靠的就是記憶與背誦能力，你幾乎無法用理解的方法，讓這些教育知識理論在你的腦中形成概念。如果書中的知識，沒辦法形成概念，它就不會長駐在腦中。於是乎，你可能每一年每一年都在看一樣的東西，只想要拼命把它背起來，但每一年都背不起來。

　　而只讀考用書的還會造成的影響就是：看到考題覺得很怪有錯誤，但又說不出哪裡有錯，也不知道對在哪裡，因爲難以反駁。

然後你會很想要翻到某一本書上有白紙黑字寫出的「正確答案」！一旦你把書讀成這個樣子，我只能說「真是糟了！」，因為你完全是被書本綁架，已經失去了自主判斷的能力。

但我並不否認，純粹的只靠記憶背誦，確實可以在筆試上面拿到高分。站在考試的立場，非常有用。可是從一個教師的角度來看，我只會愕然的問你：「可是那然後呢？」光只是能答出紙本上的考題，一點都不能代表你具有專業能力。

專門書是奠基於專門知識與研究理論來闡述專業概念，有最根本的立論基礎，而在這些基礎之上，你就可以試著去思考與批判，或找出比它更為縝密的論述、觀點或研究數據來反駁它。

你必須多讀這類的書，才能真的促進思考。然而，一個概念要能夠熟記，靠的不是看一看就可以記得。因此，同一個科目我通常建議要看2本以上的專門書（最好是3本），你才會了解這個領域大致的內涵，同時也可以從這幾本書籍當中，找出一些矛盾與複雜的觀點，彼此進行檢證與對話，更甚者，再輔以各種資料或網路辭典來替代，如此才能建構正確的知識。

這就是所謂的與書本理論對話。

現在，請檢視你手邊教育心理學有基本。該不會到現在還只有那本黑皮張春興吧？那本是經典，但請千萬不要只有那本！

回過頭來看，教育理論也是要夠過很多實際的研究、論述才能形成最後的簡單結論，但你在學習時，如果無法真正理解這個理論的內涵、演變與整體概念，而只是去看他最後推導出來的結

論，那個的東西，只會成為你短期記憶，無法真的進到你自己的長期記憶，最終僅能勉強知其然，完全不知其所以然。

專門書很厚，讀起來很久很慢，但這樣堆疊起來的知識才會長久。

當然，除了專門書籍，最重要的是，你試著做過了嗎？

你試著思考了嗎？你試著反駁理論了嗎？

你是否曾經把奧蘇貝爾的前導組織用在你的班級？

你是否真的鷹架過孩子？鷹架理論如何實踐？

生態理論的每個系統，在教育現場的樣貌是什麼

你有沒有比較過一般性的發展里程碑跟你班上孩子的發展速率？

你認同幼兒情緒發展的進程與向度？

你有沒有比較過行為主義跟人本主義在幼教現場落實的差異？

特殊教育的活動本位課程使用限制是什麼？

親師溝通理論，哪一種效果最好？有無城鄉差距？

阿德勒心理學真的適合每一個孩子嗎？

主題課程的進程與學習區的關係是什麼？

這些問題，你是否覺得熟悉？是，這些都極有可能是口試時候評審會問你的問題！如果你沒有親身實踐過這些理論，你該如何讓自己回答得圓滿？如何讓自己回答得出色？

所以，在這邊我要明白告訴你，筆試的準備方式，絕對會與你後來的口試、演示有直接密切的關係，也會跟你未來進入職場後的自我成長有關係！

我要請你記住：**讀書不是為了考筆試，讀書是為了實踐你的教育信念**。我帶過的實習生，每年都被我要求要看專書，在實習的過程，我也一直會透過提問，來讓他們去思考理論與現場的關係，進一步去批判、質疑或比較理論。

他們考上之後，很多隔年都想要重考回到家附近（畢竟職場太黑暗）。但就算隔了一年沒有「猛K書」，隔年筆試都還是可以通過。因為這些理論知識都會深深印在腦中與實務對話。這個習慣一旦養成，你就會逐漸朝著自己心目中的理想老師邁進了。

未來的命題方向，都會朝素養導向命題，也就是強調以解決實際問題的情境來出題，若你沒有辦法參透教育理論的實質內涵，你就很難轉換成為現場經驗來回應素養導向的問題。另一層的影響，就是可能連自己錯在哪裡也都不曉得！

說穿了，這個方法不是為了考試，其實身為老師，閱讀專門書本來就是我們的責任。就算當上正式老師，每年還是要吸收專業知識。

可是！就算你跟我一樣努力讀書並實踐理論，就一定可以通過筆試嗎？當然不是。但，這些寶貴的知識都已經成為你生命一部分了，這還不夠嗎？

你以為你讀的只是書嗎？你讀的是你未來的人生。

成為
你心中的好老師

　　衷心建議，把你的人生格局放大，用自己的雙手去實踐你讀過的教育理論，當你真的做了，也錯了，你就會記得，就算考試寫錯了，但這些理論會跟著你，成為你的教學資產，你會比同儕有更多的實務經驗與更多的見解。

　　最重要的，不論你有沒有考上，都你會成為你自己心目中的好老師！加油囉～

如何口試不打結？
為何我總是有理說不清楚？

　　很多考生在準備口試的過程當中，都會經歷一種鬼打牆的狀態，明明對於題目都還理解，私底下回應的時候，也可以說到自己想談的點，可是一站上考場，面對評審卻總是語無倫次，嘴巴打結，有理說不清。

　　有理說不清可能還是最一般的狀況，最糟糕的是越講越不知道自己在講什麼，然後時間就過去了。臨場慌張的時候，大腦通常會一片空白，為了應付這種情境，大腦會自動抓取身體最有印象的記憶來面對，但對考生來說真正的悲劇就是當下大腦抓不到任何有印象的記憶。

　　面對這樣的狀況，我會告訴考生，其實只要和教學演示的時候一樣：「由衷地分享自己真實的經驗與想法就可以。」

思考的輸出：口說與寫作

　　這答案看似很簡單，但要做到這點並不容易。**考場的慌張，通常是因為對自己探索太少，導致你無法在他人面前，展現出真實的那一面。**探索自己是一個重要的歷程，藉由回想重要的經驗跟想法，才能清楚個人採取行動的理由跟信念。

你是否真的認真思考過自己從事教育工作的理由？你是否分析過自己對於某些教育現場議題採取行動的信念是什麼？你有沒有質疑過一些教育政策的作為？你曾經困惑自己為何如此矛盾嗎？對一些口試的問題，你必須要思考到這麼仔細，答案才可能清晰。

雖然思考是很重要的歷程，但是要把思考的內容輸出，僅僅只是思考卻是相當不足夠的。思考的輸出大致上可以分為兩種：口說與寫作。口試的情境就是透過評審提問，考生藉由口說輸出自己的想法，讓評審來審酌是否為教育現場所需要的人才。

好的口說的輸出，仰賴當下輸出者的個人表達能力，還有談話的感染力，以及對於對談情境氣氛的掌握。清晰有條理的口說，能讓聽者感受到溫度。而口說因為有真實的情境，所以口說詞彙的選擇彈性就比較大，就算用詞稍有錯誤，只要當下氣氛合宜，通常無傷大雅。因為口說輸出最重要的，是要營造當下聽者對於該主體的印象與情感連結，所以，講者在口說輸出給人的氣勢跟感受就顯得格外重要。

至於寫作輸出，就不同於口說了。寫作時，因為並沒有直接與閱讀的人在同一個空間時間，所以一定需要營造出「情境再現」的效果，才能讓讀者有親臨現場的感覺，所以寫作的人要考慮很多細節，像是事件安排的順序以及用語，甚至是標點符號的使用時機也都要考量在裡面，細節稍有錯誤，傳遞的訊息就會大不相同。寫作輸出需要仰賴的，就是作者縝密的思考與用字遣詞，強調的是文字給讀者的感受，個人的口語表達與感染力就不太重要。

口說與寫作需要相輔相成

　　口說與寫作，兩個看似是很不相同的**輸出管道**，但**實際上確可以是彼此關聯**。教甄口試屬於口說輸出，有些人或許天生就是口條清楚，頗具講者魅力，光出一張嘴就可以打動人心。但當然也有些人會像我一樣，拙於口語表達，害怕在人前自我表露，一開口就越講越亂。如果你也是像我這類的人，我真心的建議，在準備口試的時候，**不能只有用口說在準備**，而是另外要加入「寫作」的準備訓練。

　　當然口試不是朗讀，並非你寫了一篇好的文章自傳，當場背下來或唸出來就能感動人，文字的魅力是展現在閱讀的時刻而非與人面對面。但這樣為什麼我還要建議考生用寫作記下自己的故事與回答呢？

　　因為寫作的過程當中，可以幫助考生反覆與審慎地思考故事、答案的細節、情境與轉折，**透過寫作的過程，你可以完整後設地思考自己的經驗故事**，**關注到那些你可能未曾留意但卻對你影響重大的細節**。寫作甚至**是一種療育的過程**，我在寫下自己教育故事的過程當中，不知道傷心落淚多少次，那些觸動我心中情感的事情，我都透過文筆一點一地記錄下來，**不只是寫在紙上，更是刻在我的心中**。面對那些口試的問題，試著靜下心來，寫出自己認為理想的觀點，而寫下來的好處便是後續你可以反覆檢視，省去回想的負擔與遺忘的可能。一些講者在演講時，很多經驗都可以信手捻來，原因是這些歷程已經烙印在講者的心裡，化成職場經驗的自然反應，所以優秀的講者可以根據當下的情境來決定要用什麼內容來分享，而不需要特別再思考。

關鍵是觸發真誠的情感

寫下來之後，事情也不是就這樣結束，如前面所談的，寫作語言跟口說語言是不同的，寫作幫助你留意細節，重新組織，寫清楚之後，你才開始練習把它說出來。但練習說的時候並不是把它背出來，而是用口說的語言表達出來，**當你寫過了，在練習口說表達時，就可以輕易地檢視自己有無疏漏，觀點是否完整。**但最有趣的是，**寫作會觸發我的情感**，我在練習跟別人講的時候，這個情感會在我談到事件同時，從心裡面湧出來，**因為我曾經想過，曾經寫過，我的心裡就記得過，我也可以很自然地說出來。**

這就是所謂的「言由衷」，你會從心中真實的感受到這個事件對自己的影響，當下你只會想要表達這樣的情感，根本無暇去猜忌評審要的答案。

寫作歷程要雕塑的，**是你在口試時呈現給他人的「氣勢」，那種「自信、堅定、希望與專業的氣勢」**，讓聽者感受到真誠與臨場的自我介紹故事，才能讓你在評審的心中留下深刻的印象。

耐心等待有人可以回應你的真誠

要知道口試重要的一個重點，就是要讓人感受到你對教育的真誠，因為情感連結會讓人印象深刻。回想那些你對於特定演講之所以覺得有收穫，**多數都是因為講者能連結對於該講題的情感，甚至幫你把心中的話講出來，讓你覺得如釋重負，甚至是感同身受。**若你從來沒有對自己說清楚過，事情到底是怎麼發生的，連對自己都無法交代的「理」，你該如何對別人「說清」呢？

　　某年我的一位學生，靠著這樣的眞誠，筆試的時候連敗了6次，第7次首度進入複試就搶進該區榜首。理由不是眞的多會考試，**是因爲遇見了一位能回應他眞誠情感的評審。**

　　口試的時候不要刻意去猜測評審要什麼，因爲你永恆不可能完全知道，在你面前的評審他到底想要什麼，而猜測會讓你變得慌張不定，就不容易讓人感受到你的眞誠，當然你的眞誠未必是評審要的，所以，我都會跟考生說，**準備好你最眞誠的教育熱情，完整展現，剩下的就是等待一位願意回應你眞誠的評審。就這樣而已。**

　　是的，如同我一直強調，縱使你已經清楚自己的故事，也做足完全準備，也不表示你一定會考上，但我可以百分之百確信，你不會忘了自己的初心。

教師職場的時間管理，
讓自己變得更有效率！

　　從大學畢業進入工作領域，事情的安排就不會如同學生階段一樣總是一件一件依序完成。所有業務考驗的是你同時處理的能力。

　　曾有一段時間，我覺得我的工作壓力極大，每天都有做不完的事情，每件事情好像也做不好，這件還沒完成，下一件就出現了。常常會疲於應付突發的事情或是在善後自己前一件沒有處理好的尾巴，**同時也會覺得還有其他更重要的事情要做，但自己卻是被各種業務追著跑。**

事與願違，力不從心

　　每天總想要下定決心做自己覺得重要的事，心裡總想著等這些雜事處理好之後，我就要開始做我想做的事情，但偏偏人生總是逆境多於困境，事情好像永遠沒有做完的時候。於是乎，我想做的事情也就是一天拖過一天。

　　再加上可能沒有拒絕別人的勇氣，所以各種鳥事就接踵而來。夜深人靜時思考著，忽爾發現：「**那理想的人生竟然離我越來越遠！**」

後續步入了婚姻有了孩子，育兒與工作不僅相互衝突，而且壓力作用竟是以平方的成長速率加劇著。**終有一天，我終於發現原來我做的一切，都只是窮忙，我覺得自己沒有能力**，開始唉聲嘆氣，我感嘆老天沒有眷顧我，我覺得我這輩子大概就是一事無成，沒辦法實現夢想。每天過一天就一天，最終，竟不明白為了自己為了什麼活下去。

慌亂的恐懼，更需要時間管理！

當意識到這點的時候，我忽然警醒！原來這一切只是一場夢！但這場夢的恐懼，貌似也深深地印在每一個出了社會的人們。

對於要考教甄的考生來說，最大的壓力或許就是沒有時間好好讀書！確實，讀書是考教甄的重要過程，但就我對教甄的論述脈絡，除了讀書還有很多更要重要的事情要做，只把時間安排在讀書上面，一點意義也沒有。

不過，面對學校這種周而復始還有爾虞我詐的職場生活，我們究竟該如何讓自己可以真正在這種困境當中，實踐自己的理念或夢想？

我覺得，這最重要的關鍵就是：時間管理。

我在進入職場的第一年，真的被職場的業務給淹沒，我每天非常努力，卻發現自己真的很沒有效率。

應考教甄，累積自己的實力很重要，如果我們只是每天忙於學校固定的庶務工作，或者是總做一些瞎事，我們唯一累積到的

就是年紀而不會有實力。所以，進到職場之後，如何平衡工作與自我成長，儼然是一個相當重要的課題。

先做想做的，再做該做的

我從自己的職場與生活經驗，對於時間管理上的體悟，若簡化成一段話，應該就是：「**先做想做的，再做該做的。**」這或許會跟你的體認到的價值觀有些衝突。

以前我們在學習階段，都會被教導要先把該做的事情做好，才做想做的事情。所以學生應該先把家庭作業做完，再選擇自己想做的事。

這樣的生活態度我覺得沒有什麼不對，因為身為學生，我們要忠於自己的角色，該把責任完成。但當身分進入職場之後，你會發現，好像該做的事都做不完，自己想做的卻永遠都沒有時間做。

為什麼會這樣呢？其實說白了，在**教育現場當中，所謂「該做的事情」，並不是你真正該做的，那些事情，絕大部分其實都只是那些長官、上司「想做的事情」，而不是你身為老師該做的事情。換言之，絕大部分你在現場做的，都是瞎事。**

當你每天都只是在追求這些固定、不是出於自願的瞎事，你永遠只是在消耗自己對職場的熱情。所以，回過頭思考，你覺得身為老師，**到底什麼是你真正想做的？我相信有志從事教職的老師應該很容易就能理解，身為一位專業的老師，你真正想做的是**

什麼？而我就建議，你應該優先做你想做的！事實上，一位老師真正想做的，其實很多就是對教育現場最重要的！

用兩個向度來劃分工作

但現實就是，想做的貌似永遠都沒有時間可以做？關鍵就在於時間管理。在時間管理的議題當中，最被廣為接納的方法，就是用兩個向度區分你的工作。橫軸是緊急的程度，縱軸是重要的程度。另外，我根據我自己的經驗跟大家分享，這四類的事情該怎麼做。

重要但緊急：馬上做

在工作當中，重要又緊急事情，一定是你需要優先處理的，因為這些事情會影響你整體工作的狀況。有些重要的事情會來得很緊急，當遇到這類的狀況，就需要馬上做，不要拖延。**但事後一定要檢討，為什麼這些事情會變得緊急，有沒有可能事先規劃？或有更好的應變措施？**

不重要但緊急：簡單做

有些事情仔細想來一點都不重要，但這類的事情如果不處理，後續可能麻煩更大，因此就會變得很緊急。有時候可能是因為一些小事情沒有立刻處理，拖著拖著也就變緊急了。**對於不重要但緊急的事情，我覺得只要能應付就好**，不要太過強調，所以應該簡單做就好。畢竟做了也沒有太多實質的幫助，因此能應付過去就好。

重要但不緊急：持續做

有些事情看似不太緊急，但卻非常重要。例如：規劃課程進度、思考學習區的擺放素材、個別幼兒的會談甚至是你自己規劃的成長方向等。這些事情其實不做也沒有關係，但卻對你的工作或生活非常重要。**我甚至敢說，如果你的時間規劃內都沒有這些事情，那你可能會一點進步都沒有。** 其實在你的工作當中，如果大部分都是重要但不緊急的事情時，就會變得非常有效率，除了一些突發狀況之外，你應該都大致可以掌握時程，不至於讓自己手忙腳亂。

不重要又不緊急：不要做

教職現場當中，我覺得有很多瞎事都屬於這些類型。如果評估之後這些事情既不重要，又不緊急，忽略也沒關係。當然，這也包含了你自己在工作上打混摸魚的事情，又或者一天到晚跟人嚼舌根、道人長短等。

以上四種是你可以快速診斷自己做事情的考量依據。然而，從工作整體的狀況看來，**如果你很常被重要又緊急的事情給塞滿，這就表示你的工作沒有效率。畢竟教育現場不是急診室，很多事情其實都可以預先規劃或精簡，讓你的工作更有效率。**

拒絕窮忙與瞎忙：讓重要不緊急的事情占多數

為了不要過於窮忙，時常檢視自己的工作效率是非常重要的。拒絕不必要的應酬、打混與團購，縮減工作的表單、利用零

碎的時間處理事情，甚至是不要跟隨小人們在那邊勾心鬥角等，這些都是一些工作管理的小技巧。

但我這邊要強調的不會是這些小技巧，**而是要大家應該努力讓你的工作是充滿「重要但不緊急的事情」，區分事情的重要程度而提早規劃，採用扎實的步調進行，之後你的工作才有可能進入一種穩定的狀況，而不是被一些緊急的事情追著跑。**

平常空閒的時候，就要規劃那些看起來不緊急但卻很重要的事情。不論你是要準備教甄，或者是自我成長，這些都不會是一夕之間可以完成的，就算是每天只做一點點，長期累積下來也是非常可觀。

準備教甄讀書時，每天花15分鐘閱讀專書比一個禮拜花2小時閱讀效果來得好，而且，進到工作領域後，你要有一個完整2小時不被打擾念，是一件相當困難的事情，但如果你能每天花15分鐘閱讀，持續三個月以上，那種效果是非常驚人的。

每天只要一點點就會很不一樣

每天花點時間，思考課程與環境該如何調整，當有經費突然來的時候，你就可以馬上有採購的標的。

每天固定思考教學的表件如何改進，就算只改一點點也沒關係，最後你會調整出最快速能完成的表格。

每天試著做一點自己想嘗試的教學方法，一陣子之後，你就會做出自己的特色。

每天只要花一點時間，把這些重要的事情放入你的工作時間內，我相信你應該可以讓自己更有效率。

時間管理最理想的狀況，就是你的行程表內，總是充滿著讓你怦然心動的重要事情，但你卻可以不慌不忙地完成他。

當然，我必須需承認，就算嘗試了很多種時間管理的技術，你還是可能會覺得時間不夠用，而且好像也是非常慌亂，這都是正常的。不過，當你願意耐著性子，每天按照自己的步調一點一點努力，一段時間回頭過來看之後，你會發現自己確實穩定的進步了。

在混亂中還能尋求前進的腳步，正是時間管理最大的效用。

越是專業的創造性工作，越需要穩定、規律與不慌亂的步伐

當你從事的工作越專業，越高端，該做的工作永遠是越來越模糊，因為在這個領域內，你從事的是一種創造性的，而不是只有在做固定每天都要完成的例行性事務。我認識一位在google工作的外國工程師，在google工作薪資一定是相當可觀，我很好奇他的工作內容。

我問他：「你的工作主要在做什麼？」

他告訴我：「**我要做的就是沒有人做過的工作。**」

我說：「沒人做過，那該怎麼做？」

他說：「不知道，但我總是要想辦法，**因為公司找我來就是專**

門要做些沒有人做過的事情，所以不會有人告訴我，每天進公司要做些什麼，我必須自己找事情做，遇到的困難也幾乎沒有人解決過。所以我就必須自己安排好我的時間，要努力克服這些沒有遇過的問題，創造更多的價值。」

越是創造性的工作，越沒有一定的流程與固定的程序。因此，如何妥善的安排穩定的工作節奏與時間管理，就是成功的關鍵。

在你的心中，老師是一份高度專業且具創造性的職業嗎？

考教甄最可怕的，
原來是這件事……！

從師培學校畢業後，阿宏就在某間國小代理，阿宏非常認真，也會帶隊去比賽，屢獲佳績。可惜他考運不佳，始終沒有辦法進到正式教師職場。但阿宏在校認真，常常為了學校的工作而加班，學校同仁總誇獎他是非常棒的老師。而今年是他代理教師的第十年，但學校卻因為招生人數減少而縮編，首當衝擊的就是他的缺額被裁撤，阿宏只好再換一間學校代理。

換到另一間，阿宏也是兢兢業業，努力工作，一做又是五年的時光。這間學校的代理缺又面臨縮編的狀況。於是阿宏又換了一間，但沒隔幾年，又是縮編……。轉眼間，年紀也到了坐3望4的階段，阿宏仍只能每年尋覓代理，他想要轉職，**卻驚覺自己除了考代理之外，竟沒有別的謀生能力，面對求職網頁上的職缺，始終不敢丟出履歷**。

每年都有許多考生想要進到正式職場，畢竟我們受了專業的訓練，就是希望能在學校發揮自己的專長。我且告訴你真實職場內的狀況，要不要進來當然是你的選擇，可是，我在這篇文章中，我最想跟大家分享的是，請不要把考教甄當作你人生的目標。理由有三：

一、教師不是一個會賺大錢的職業

正式教師起薪四萬，再加上「外界羨慕的寒暑假」，看起來比條件一般剛出社會的新鮮人好很多。從薪資表看，教師封頂大約8萬，但我們是以每年約1000元的速率緩慢成長，大概要磨20-25年才會到這個價錢。還要特別注意的是，老師的薪資調整的速度，通常不會隨著國家的GDP成長，所以在物價飆漲的時代，老師的薪水，就只能等著縮水。

不管你信不信，但根據勞動部108年的統計：「12月本國籍全時受僱員工（不含外國籍與部分工時員工）經常性薪資平均為44，788元，年增2.76%；加計獎金及加班費等非經常性薪資後，總薪資平均為57，612元，年增7.33%。108年全年每人每月經常性薪資平均為44，114元，每人每月總薪資平均為56，652元。」

就這樣挑一個嚇自己的來看，單單國人受雇階級的平均薪資，就比老師的起薪高上1萬多元，更不用說，在其他的行業裏面，還有所謂的績效、年終或三節獎金。稍微這樣比較一下，你就會知道當老師其實並沒有那麼好賺錢。

喔！忘了提，很多人會說，教師退休福利很好。我也懶得說明了，有意願的人去查一下現在年改的結果，越往後的老師，是越繳越多，但卻越領越少，這是整體結構的必然。

若你還熟悉教師的生態，就知道教師基本上很難爭取到加班費，我們其實也是部分責任制，若你是幼教老師，自己還會時不時的控制不住自費買一堆教具給孩子。

教師這個職業，充其量大概是餓不死，但真說到要賺大錢，那自然是不太可能的。

我身邊有很多朋友，後來都離開教職，從事其他工作，而他們的薪資待遇，都遠高過於當老師的我。所以，如果你還對教師的薪水有幻想，還是趁早清醒一點好。

回到開頭，你需要思考一下：你是因為薪資待遇才來考老師嗎？

二、正式教師的職場是權力鬥爭的社會，但卻沒有任何利益

有人的地方就有江湖，有江湖就有鬥爭，這是每個職場都會遇到的事情。不過，若你是在一般公司行號，把對方鬥倒都還有些利益可言，可是在學校裡的鬥爭，卻是一點利益都沒有，你鬥倒別人或別人鬥倒你，你們都不會因此拿到獎金或業績，但偏偏學校裡面喜歡都鬥爭的人卻又不在少數。

定然會有人跟我說，沒有利益是在鬥什麼？這應該也是教師職場文化的千年不解之謎吧～可說穿了，用現代的話來講，我想大概就是會有一群太無聊的人要刷存在感。

你或許保持著滿腔熱血，要進來職場實踐，但進來後卻發現，職場都糾結在雞毛蒜皮，教育理念完全不見蹤影。

　　你是否有信心在這樣的職場環境不迷失自己？不迷失自己還是很棒的際遇，許多老師最後都在職場上都遭遇了不少的精神打擊，連自己的尊嚴都被鬥得體無完膚。

　　許多人覺得，只要考上教甄，自己的人生完滿了，但你是否知道，進到正式教失職場後，考驗才是真正開始。學校的官僚組織、權謀鬥爭、視野狹小會令你瞠目結舌，不自覺你就同流合汙。

　　過往你是代理時，面對鳥事或受氣，撐一年就過了，或想走時，你隨時都可以走。但當你是正式老師，根本沒那麼容易下定決心要走，就算你下定決心，你的家人也不一定會讓你走，因為他們覺得這份工作很不錯。

　　另外也有些人，覺得自己考上老師之後就真的成為了「很棒的老師」。我且跟你說實話，考上教甄，完全不會讓你成為一位好老師。甚至考上之後，你一不小心，就可能會進入「要廢到死的——廢死聯盟」的成員。最強大的技能就是團購與講八卦，然後時不時開複本去鬥爭一下其他老師，見到他人因自己而痛苦，就開始沾沾自喜。

　　因為教師職場的封閉，你不會感受到晉升與業績的壓力，缺少了外在的刺激，再加上你不是一個自主積極的人，你很容易就被同儕的文化相互影響，當你發現自己在墮落的時候，你已經沒有勇氣做任何改變。

　　這是一個相當險惡的職場環境，為了你的教育理想，你是否已準備好，要進來實踐自己的理想？你是否有足夠的勇氣，面對職場各種的攻擊？

三、把教甄當作夢想，很容易賠上你的人生

考教甄很辛苦，可是我還是要告誡各位考生，不要把考教甄當作你人生的目標，因為那只是一時的考試，為了一時的考試捨棄掉更多人生重要的經歷，是很不值得的事情。

我要跟你們說，**請你不要以考試為目的來準備教甄，請你以成為自己心目中理想的教師的方向來考教甄。**

你是否在準備的過程，會花很多時間去磨練考試技巧或去請人幫你看試教？你每天死命讀書、背考用書，寫考古題？我當然不會介意你用心準備考試，**但如果你的在準備教甄的過程當中，只會做這些事情，我會說那只是浪費你的生命。**

十年寒窗苦讀，回過頭來，你的人生除了教甄將會一無所有。

你以為你讀的只是書嗎？你讀的是你未來的人生。

你真正該磨練的，是自己的教學技術，以及要去建立屬於你個人的謀生能力。有考生告訴我，我也想要磨練教學技術，但我不是正式老師，我要唸書準備教甄，我根本沒時間好好精進教學。一旦我考上之後，我就會努力了！

如果你在未考上之前，就沒有習慣自己磨練教學技術與落實理論，那我敢打包票，你考上之後也絕對不可能會做這件事情。

我承認，當前的考試型態可能會讓你覺得痛苦與折磨，也可能無法找到好老師，正因此，你更不該為了教甄來耽誤自己的人生。

所以，我問考生：「你覺得你自己有哪些專長可以用在教學上面？」所謂的專長，就是你做得比別人好，懂得比別人多，別人做不到的，你能實現它。

很多考生想半天想不出來，或是心虛地說「……我會拼布……美勞……」。我就再問：「你做美勞比其他老師好嗎？你的美勞技能可以轉化成幼教教學典範嗎？你的美勞教學能力，會讓家長想要掏錢出來嗎？」考生就會想半天說：「……不能。」然後再問我：「我什麼專長都不會，那該怎麼辦？」

我說：「那就請你現在開始培養。」

我要你每一年，以一個自己有興趣的領域去著手，先廣泛探索，然後選擇要深入的點開始鑽研，同時，把這些東西用在幼兒教育上。

你喜歡說故事，請你現在就開始探索，去了解說故事的理論與學門，然後每一種都拿來現場講講看，試過之後就換，所以你要開始去讀各種說故事的書籍。這樣做，我敢打包票，一年之後，你說故事一定說得比同儕厲害，你面對同一個題目的時候，你可以自豪地說：「我的專長是說故事，我也可以把說故事運用在幼兒教育上面。」

做這些事情，比你關起門來死讀書有用得多。

幼兒教育在講統整的主題教學，但老師你自己卻不用這樣的方法來學習，那你有什麼資格去引導幼兒呢？

　　你在探究說故事的過程當中，自然就會想要深入其他的知識，你會想要知道更多的幼兒發展知識，會想要知道更多的教學設計組型，這就是主題統整式的自我學習方法。

　　你用這樣的方式學習，你會獲得與書本上完全不同的體驗，你能說出別人講不出來的感受。

　　當然，我也不會保證你教甄一定就會上，但是那又怎樣？這不正是你引頸期盼的主動學習者的模樣嗎？

　　沒考上教甄，你就當不成自己心中的好老師嗎？

　　就算沒考上，你已經在幫自己厚植了軟實力，隔年，你可以再選擇這個領域，或是嘗試別的領域，或許是語文、或許是音樂也可能是體能，不論是什麼，只要你有興趣，我就鼓勵你努力發展，然後把你的這些興趣，放到你最熱愛的幼兒教育。

　　如此一來，相較於那些每年只會死讀書的人，五年之後，你一定會比他更有實力。

　　當你用這樣的方法來準備，就算你最終沒有在公職教師的現場，但這對你自己能跨到其他產業的身價也絕對是大大提升，往後你可以有離開教甄職場的本錢。

　　學校老師只是教育的一項小小產業，當你有了自己真的引以為傲的專才，你可以有更多的選擇去創造自己的事業。你的人生，不會只有依靠代理，更可能有其他更好的發展機會，但關鍵就在於，當機會來的時候，你有準備嗎？

現在，就該替自己的未來投資

最哀傷的，就是考教甄考了十多年，完全沒有任何可以跟他人提起的教學專長，十多年過去，你沒有軟實力，你沒了年輕人的青春活力，你不想繼續代理，但你卻無路可走，因為你除了每年報名考試以外，什麼都不會了，換到哪邊都不見得可以勝任，只好待在自己習慣的地方，繼續看著一群沒有長進的老師瞎混嚼舌根。

那些美好的幼教理論，對你來說，只是紙本的答案，一年一年就這樣繼續下去，想往上爬，已經沒有本錢，想放棄考試，卻也沒有後路。

這樣不好嗎？如果這就是你希望的人生藍圖，我也不會有什麼意見。至少，現在是正式教師的我，也不會希望自己是這副模樣。

我從來不覺得，當公立老師可以一輩子安心無虞。

我從來就不想，當一個不思長進的公職老師。

太多人把公職視為教師職業的終點，這真的是非常危險的概念，不僅是對自自己，更是對現場幼兒學習是一種極大的傷害。

考得上，不表示你是好老師。

沒考上，不表示你是爛老師。

最後，我還是想問：

「你為什麼要當老師？」

「拿掉老師這個頭銜，你還有什麼可以謀生的技能嗎？」

在教甄這條路上，最可怕的不是考不上教甄，而是你讓自己
的人生只剩下教甄。

實戰篇
教學演示

我該用怎樣的心態來準備教學演示？

　　在這圈子打滾一陣子，我知道都會有補習班邀請考上的老師或擔任過教甄評委的人，去說明教學演示如何準備，所以，坊間就會有很多江湖傳言流傳，教學演示一定要做什麼事情。很多人去補習班聽了分享之後，也大概都算略懂略懂，因為也都是考上的人，甚至是評審提點的，所以也就認真地「照做」。姑且不論補習班的內容對錯與否，光就「是否真的會因為某些技巧的操作與設計，就能夠達到被錄取的標準」這一點，就很難論斷了！

教學演示的標準該聽誰的？

　　教學演示的技巧，究竟該聽誰的？教師甄試的評審有很多種，有些人看中花俏炫麗的教學技巧，有些人看中教學者本身的開放程度，有些看中演示人講話的邏輯……等，一場教甄評審那麼多人，每個人看的點不一樣，也是很正常的現象。也就因為這樣，在業界當中就會流傳著各種版本的演示方法。

　　但事實上，教甄考上的人跟錄取的評審，其實不太有機會實際對上話，就算真有機會遇到，也可能是幾年之後在職場上的萍水相逢。是以，評審真的也不太能跟考生說錄取的理由，因此，我們也只能做個事後諸葛，從結果來推論當時可能被錄取的原因。

　　不管推論對不對，究竟關於教學演示，誰講的才對？要我說，

只有兩種人說得對：1.已經考上的人（反正都考上了，怎麼說都對啊～）2.當天是評審的人（要不要錄取也就評審的一句話～當然都對～）你同意嗎？至少我本人是再同意不過。

先別管誰說得對，你真的知道自己在教什麼嗎？在幼教教甄的現場，許多人會從各種地方聽別人說：「一定要從收拾的情境開始」、「教學活動要動靜交錯」、「要能融入在地化的元素」、「一定要唱唱跳跳，讓評審可以醒腦」、「要安排有個特殊生」、「要在學習區當中展現你的引導技巧」、「要努力稱讚幼兒」……這些類似的技巧，諸位應該聽聞得比我還多。

為什麼要使用這些教學技巧？

其實這些內容，也不能說不對，但我總問我的學生：你為什麼要用那些技巧？這些技巧跟你的教學目標有直接關係嗎？這些技巧能幫助你達到教學目標嗎？你真的相信這些技巧在教學現場好用嗎？你自己真的會使用這些教學技巧嗎？你懂這些技巧是源自於何種教學理論嗎？這些技巧可能造成的後果與限制是什麼？

「如果你都無法回答上面這些問題，那你幹嘛要演示這些技巧？」每次看完演示後，我都會問我的學生這個問題。而十個裡面幾乎有九個都會跟我這樣回答：「恩…啊…就聽那些考上的學長姐說……」我接著回應：「如果在演示之後，評審問你為什麼這樣安排教學，你也打算這樣回答嗎？」

是，我同意，他們考上可能有他們的緣分，但現在是你要考，不是那些人要考。

臨摹就可以被錄取嗎？

你自己真的相信「臨摹」別人就能被錄取嗎？我跟你說，「我相信」，因為在我看來，教師甄試是3分實力，7分運氣，我知道影響教師甄試的變因實在太多，如果每一個教甄錄取的真的都是真材實料，那現場怎麼會有亂七八糟不會教學的人呢？

雖然我無法掌握那7分運氣，但我選擇，想要自己好好經營這3分的實力。我不想為了迎合哪一種特定的教學模組，而讓自己在演示的過程當中掙扎不已。我只想回答自己：「什麼樣的教學過程，是我認為最理想的？」演示或許跟平常教學會有不同，可是我相信，不同的只是在於呈現的方式，但並非是教育原理與教學原則的不同。

有效教學的兩個重點

人人都說教學要有亮點，但這個亮點不會是憑空模仿別人就會產生的，所謂的教學亮點，是要透過落實你自己深信的教育理論才可能產生。你越相信自己做的是正確的，你演示出來的東西才可能是真切自然。有效的教學要能回應兩個重點，我們無法測度所有評審的觀點，唯一能掌握的就是自己對教學的信念和專業，我認為一個成功教學最基本的骨架只有兩點：「教學目標與主題概念是否切合」還有「教學方法是否能達成教學目標。」如能符合上述兩點，就是一種有效度的教學。

教學如果沒有效度，再多花俏的技巧都無用，因為你教的，根本不是學生要學的。教學如果能有效度，就算樸實表現也沒影

響，因為你教的，一定就是學生要學的。教學，是一種促進學生學習的專業做為，若無法用有效的教學方法達成教學目標，其他都不需要再多言。但同理，如果你已經能運用有效的教學方法來達成目標，那麼，一些簡單的細節，確實能夠讓你的表現更加亮眼。我在教甄現場當中，見過不少捨本逐末的考生，忽略了重要的教育基礎理論與教學原理，反而只是一味的追求表象的演出技巧。

我們當然無法斷定這樣就考不上，但至少我清楚知道，我不想要讓自己在一開始的時候，就走錯了方向。沒有任何人可以保證用怎樣的技巧就一定會被錄取，所以，我還是選擇呈現我自己認為最重要，而且也是最符合真實現場的教學方式，不去追逐華麗的技巧，不去細數那些支微末節的小伎倆。練出屬於你自己的教學意象。

那麼，教學演示究竟該如何準備？相關的教學細節我已經在過去的文章提點過，在此就不再贅言，但我可以跟大家分享，我自己準備演示時候的心理運作過程。

就從沙盤推演開始練習吧！

在練習教學演示的時候，一開始先寫下教學過程的逐字稿，但開始練了幾次之後，不要再回頭去修飾逐字稿。因為那會讓你的腦中的焦點只在文字，而不是教學的現場畫面。演示要能夠自然，不是靠逐字稿就能辦到的，你應該要在心中記下教學的畫面，用身體、動作、聲音和語調來記憶整個教學的過程。當你習慣用

畫面來記憶教學的歷程時，你就可以逐漸做到一種「發在意先」的狀態，也就是還沒來得及思考該講些什麼，但身體和口語卻已經早一步動作了。聽起來覺得很玄嗎？其實一點都不，這種狀態身為老師的我們其實每天都在經歷。

請回想我們正常的教學歷程，在備課前你會稍微寫一點教案與歷程，但在準備的過程當中，你的心中一定會有教學畫面，你會預測學生可能會有怎樣的反應，然後依此來調整自己。在正式上課之後，你也不會完全依照教案的內容逐字逐句的說明，而是根據當下學生的表現來做調整。就算沒有完全按照教案的內容呈現，但是，大體上你仍然可以掌握整體教學的現場與進度，也能依照學生的情況，引導到希望達成的教學目標。

為什麼你能做到這點？最重要的便是我們已經有了「教學的意象」，教學的意象是引領教師在真實教學場域當中，能穩定朝著教學目標前進的重要關鍵。如果在進行教學演示時，你的心中無法出現教學意象，那這個演示就只能說是一場「演員無法入戲的劇」，觀眾自然不會受到感動。

我承認，教學演示就是一場戲，但這場戲，「演的不是別人，演的是你心中那位理想的教育家」。唯有你真正入戲，入了你教學的生命，看戲的人，才會被這個劇感染，能看出你對教學的生命力。你在演示的時候，心中有沒有真實的學生呢？

另外要提醒你，教甄是常模參照，不是標準參照。我明白，身為考生，發現自己做的跟別人不同時，都會緊張自己會不會因為這樣就考不上？但你要知道，教師甄試跟教師檢定不同，採用的不是標準參照，並不是完成一套標準的流程就可以被錄取。任

何的求職甄試，都是一種常模參照，要看的是你在母群的團體當中的哪一個位置，用人單位自然希望錄取表現好的員工。所以，當你越跟大家一樣，你就越是在常模的中間。

但我這裡說的一樣，指的是表現效度相似，看起來一樣。實際上，同一種教學方法，由不同人演出來，感受就很不一樣，如同一個劇本給不同演員演，戲劇的張力當然就不一樣。「追求屬於你自己的教學藝術，等待能欣賞你教育哲學的評審出現。」這是我認為最能對得起教師專業的教甄準備態度。不過，說到這裡，我真心覺得現場好老師真的很多，可是真正能不被那些華麗技巧蒙蔽的評審又多少呢？我想起韓愈謂的：「世有伯樂，然後有千里馬；千里馬常有，而伯樂不常有。」

學前階段教學演示內涵分析與討論

　　開頭先說明，教學演示跟正式教學是兩件事情（不信你問考上的老師，用那種浮誇的方式來上課看看，包準小孩滿天飛），尚不論這種甄選方式的好壞，既然制度是這樣，你想考上就請心甘情願地準備。

　　當前多數學前階段採用的教學演示，乃是以「單元教學法」為主軸，亦即是使用準備活動、引起動機、發展活動、綜合活動的流程。至於單元跟主題的不同，我在此不多加贅述，因為演示過程當中，區辨這兩者不具有實質的意義。不過，近幾年來，因為學習區的課程模式逐漸推廣，很多人開始會使用主題/單元搭配學習區的方式進行教學演示。

　　綜觀學前試教的架構，當前大概可以區分成團討式、團討加學習區、團討加小組活動，因為多數考試都是有抽題，所以，純然學習區的演示方式，基本上很少會用到。下面，我將依照準備活動、引起動機、發展活動與綜合活動的順序，與各位學前階段的老師分享其內涵。

準備活動

　　準備活動在演示過程當中作為起頭，通常是以情境轉換為起始，所以收拾玩具是最常用的表現方式，在這個過程當中，**重點**

在於教學者能否運用有效的班級經營方法，引導幼兒順利進行情境的**轉換**。

　　考生可以利用唱首歌、搖鈴鼓下指令、撥放音樂或是採用蒙式的走線方法，來引導幼兒收拾。許多人在這邊也會用口語來表現自己對孩子的正向鼓勵，諸如：「喔～我看見小如這一次有很熱心的幫助小花喔！」或是表現出間接的引導方式來凸顯自己在學習區的經營：「小如，如果你不知道這個積木要放在哪裡，你可以看看老師在櫃子內貼的圖案。」

　　準備活動的內容，基本上跟抽到的題目不會有直接關係，也就是說，不管抽到什麼題目，這一段全部都是一樣的，考生可以事前準備妥當，至於你希望在這裡展現出多少技巧，就看自己如何安排。

　　很多人會以收拾學習區玩具的方式作為起頭，不過近來我在思考著，如果深究學習區的精神，在以【學習區結束收玩具→團討→學習區的教學情境】的模組當中，你的團討內涵就必須要跟第一段的學習區課程有直接相關，經過團討與深究後，第二段的學習區活動則必須更深化或延展，這樣才能代表教師有在落實學習區的意涵。如果這三個區塊沒有相互關連，那很明顯第一段的學習區，只是把小孩擺著隨便玩而已，不符合這個課程的精神。

　　因此，個人淺見以為，如果真要把收拾學習區的情境置入準備活動當中，那在接下來的引起動機方面，就「至少」應該要把剛才幼兒在學習區發生的事情做個處理，不然，就是更換準備活動，例如：剛從戶外回來，或者是大家剛吃完點心之類的。

引起動機

做為教學主軸的破題，引起動機顧名思義，就是要引起幼兒對該主題的學習動機。所以在安排的時候，務必要仔細思考幾個重點：

▲如何引起孩子對這個主題的學習興趣？

▲這個主題對幼兒的重要性爲何？

▲從哪些層面切入才能引導幼兒對這主題的興趣？

▲幼兒對於這個主題的先備經驗爲何？

上面這些重點，自然是由考生自己鋪陳，不論如何安排，**總括要讓人看出這個主題是奠基在孩子的興趣跟生活經驗上，且是有值得探究的價值，方能引起孩子的學習動機。**

在這邊額外說明，真要引起幼兒的動機，應當以幼兒本身的經驗出發，用成人視野的角度來揭示教學主題，並不會拿下高分。

舉例來說，當進行「好吃的食物」這個主題時，有些老師會安排一個故事，故事裡面有個小孩挑食後來病了，然後帶入六大食物的均衡營概念。不能說這個內容不好，但是從當前課綱精神來看，所謂「六大食物營養均衡」乃屬於成人世界的觀點，因爲幼兒的生活經驗當中，並不會出現有六大食物營養均衡的概念，這是成人將知識組織結構後的產物。對幼兒來說，他們關心的是好不好吃、食物長得怎樣、如何料理……等這些實際的生活經驗

「六大類食物的概念」本身並非不對，也無不好，只是**幼教課綱精神要強調的是，教師應該要盡可能讓幼兒探索生活中的經驗來形成自己的概念，也就是以建構爲主的學習方式，直接傳遞**

六大類食物的方法，並不符合幼教課綱的精神。若考生在引起動機破題時，就將教學主軸表現得像是傳遞知識本身，而非透過探索經驗來建構主題概念，那就準備開始被扣分了。

若單就「形式」來說，引起動機多數會安排講個故事、討論上次學習的經驗、分享生活當中一個與主題相關的小事件、在學習區內發生的插曲、多數幼兒觀察到的重要特徵……等。

在引起動機這個階段，「形式本身」也可以預先預備，至於內涵如何，就要靠考生自己的教學素養。但請記得三個重點：**生活經驗、生活經驗、生活經驗**。

發展活動

整個教學演示的主軸，就在於發展活動，**發展活度的內涵，是老師如何安排教學活動的順序與教材的內容，引導幼兒探索，並一步步朝向教學目標，最終達到深化幼兒學習能力。說來簡單，做起來實在有夠難。**

在安排發展活動時，要考慮到的面向很廣：

▲幼兒在這個主題概念下的基礎爲何？
▲你要安排哪些他們有興趣的活動，建構他們對主題的概念？
▲這些活動的順序該如何組織？才能達到預設的學習目標？
▲活動當中需要提供那些素材？
▲過程當中教師又該如何提問？

▲教師提問之後幼兒的反應是什麼？

▲要如何再根據幼兒的反應進行回應？

這一連串的技巧，都需要透過演示來讓評審知道。上述這些概念，因為實在過於博大精深，無法透過文字說明清楚，真要能寫出來，我就吐了。所以，在此容我就不再繼續深究下。但我必須說，**如果你想成為一個有實力的教學者，這些層面的問題絕對是不能逃避的。**

我不敢深入談的原因，也是因為個人覺得教學越久，**越發現這實在是一門專業的藝術**，只是簡短的說明，很容易使人誤會教學的本質只有這樣。

我以為，教學的本質，其實如同老子所說的：「道可道，非常道」，嘗試要把它說清楚，終究只能流於表象，更也如同佛家經典，佛曰：「不可說，不可說。」教學的本質其實似佛法：「**無法單憑文字本身的意思可以將此理說盡，所以自是不可單靠文字本身來闡述這個道理。**」

因此，各位考生請務必讓自己在實務工作上，強化自己教學的本質，才是真正教師的本分喔！

回歸正題，暫時撇除這些深奧的問題，真要談起發展活動該如何打理，我通常會問學生：「**你覺得你的發展活動跟教學目標有扣上嗎？孩子透過你這堂課能學到教學的目標嗎？**」

絕大多數是沒有。

我很常見到，發展活動跟教學目標完全搭不上，以剛剛「好吃的食物」來說，通常講完故事之後，考生可能就會安排讓幼兒體驗不同食物的感覺，然後請小孩出來描述一下，接著開始投票最喜歡的食物，再來強調一下均衡飲食的重要，末尾來個唱唱跳跳或做料理，最後很開心結束。

看似內容豐富的教學活動，認真討論後，卻發現完全沒有辦法知道到底孩子透過這門課學習到了什麼？或是，很常見到都在教孩子已經會的，或者是教一些跟目標完全沒有關係的內容。

要展現出教學的內涵，就需要透過縝密的教學設計，我先簡單談一下演示當中常用到的幾種形式。早期的演示過程，很多考生都是用傳統主題，也就是以講述式的方法來進行，但當前這個方式已經不符合教育現場了，所以，若你在演示的10分鐘，只有老師在講課，就可以直接明年再來（可能都不用來了……）。

目前演示常見的一種，是以**團討搭分組小活動**。在這個形式底下，教師會先與孩子討論關於主題的內容，從當中引導出幾個重要的問題或概念，再來依照這些**概念**的特性，安排小組探索活動。分組下去之後，開始觀察幼兒的反應，提供適當的鷹架，讓幼兒能朝著教學目標前進。

在此所謂的鷹架，並不只有教師的提問，透過**素材的特性、環境的線索**，都能夠有鷹架的效果，但整個演示的關鍵在於：「**面對沒有真實的學生，你該怎麼演出來讓人知道你其實有在鷹架幼兒？**」

　　另一種是近來很常出現的，用**團討來搭配學習區**的方法，流程大約與小組相同，只是在這個架構底下，主題重要概念的設計就需與學習區本身特性進行配合，絕對不是只安排小孩到學習區做一些表象的活動就可以了，也千萬不要覺得只要在學習區放一些跟主題有關的教具，就代表主題是跟學習區配合了。如果你要採用這個架構，自己必須對於學習區的精神與內涵都有很深入的理解，不然很容易會配看破，那不如改做小組活動會比較好一些。

　　以前很常見到整場演示，教師都使用團討的方式進行，但隨著當前幼教現場的課程取向改變，這種方式已經不多了，如果考生只能進行「偽團討」（其實團討的技巧很深奧的～別以為隨便講講話就在團討喔～），單純的在台上講課，你後面的考生絕對會很感謝你囉～

　　實在說來，因為目前每場演示的架構幾乎都已經差不多，所以評審的重點就會放在**教學的內涵跟深度**，如果無法充實這些，榜單只會離你越來越遠。

　　到這邊，可以稍微喘口氣，我接下來以個人淺見，透析發展活動的兩個重點：

　　1.活動/學習區設計規劃能否達成教學目標？

　　2.教師如何在過程當中建構孩子的學習？針對一般幼兒、學習較慢的幼兒、學習較快的幼兒。亦即當前強調的差異化教學。

　　要達成第一點，我建議考生，當你抽到題目或準備好題目時，請優先思考這類型的題目，可以連結上那些課綱的課程目標與學習指標（要自訂學習目標也可以）。

　　然後，請根據主題概念的特性，設計能逐步達成學習指標的教學活動，而這些活動請務必掌握兩點特性：**幼兒能動手操作、反覆探究。**

　　仔細檢視自己設計的活動，究竟有沒有跟隨好教學的目標，一旦離題，課程就不具教學意義了。這段通常會反映在團討過程當中，老師如何與學生對話來鋪陳今日教學的主結構，**也就是要看老師怎麼將學生共同的經驗轉化爲學習區或小組的探索活動。**

　　再次談到第二點，要能展現過程當中老師如何鷹架孩子，要透過對話，還有環境的線索，這通常會呈現在教師入學習區或進小組活動的時候。教師要透過提問、候答跟理答的技巧來引導幼兒，**最困難的在於，要展現「引導」而非「直接教導」**。請先看以下三個句子：

　　A.你看，上面這個葉子比較長。
　　B.你看，這兩片葉子哪一個比較長？
　　C.我將兩片葉子放在一樣的起點上，你有發現什麼嗎？

　　如我前述強調的，課綱的教學精神並非在「直接教導」幼兒知識，而是要建構他們的學習經驗，所以，老師談話的技巧就顯得非常重要。

　　你能看出上面三個句子中，哪一句比較像是在引導嗎？。

　　當然爾，並不是說全部的過程都只有這樣的引導，在課程進行當中，還有能力較弱的孩子，在入區之後，你要如何協助這些孩子，也是需要考量，以上面ABC句來說，當教師提問C句之後，如果幼兒沒有反應，我會更更進一步向他提示B句，並輔以其他環

境線索，讓他也能達成學習目標。最後，除了考慮到一般與學習較慢的孩子，能力較佳的幼兒，老師能不能提供給他更多的挑戰？而不是只讓他做會做的事情。

如果考生能在演示過程當中，詳盡地考慮了這三種孩子，就足以展現自己相當專業的技巧了。**請記住，在發展活動當中，你每一句出口的話，都要思考呈現的目的與如何處理。**

綜合活動

教學進入末段，綜合活動的重點，則**是要讓幼兒檢視學習歷程，看見自己的學習成果。**多數考生會選擇分享學習區/小組的成果。如果只是單純講講自己做了哪些東西，那一點都沒有綜合到。

我認為，在這個階段裡，要能呈現的，是**如何引導幼兒將自己學習的歷程展現出來**，例如：積木區內小李蓋了一間房子，除了邀請他分享，教師應當進一步詢問：你怎麼蓋的？用了哪些東西？並適當地詢問，剛剛我有看到你遇到了什麼困難，後來你怎麼解決？當然，也可能問題沒有解決，這時就邀請其他幼兒提供想法，並可以當場嘗試新的做法。除了分享學習成果之外，教師也可以進一步根據本次活動發現的重要議題，與幼兒討論下一階段該如何延伸，以此作為結尾。

如果是採行小組活動的方式，那麼在綜合活動當中，教師就**需要將小組發現的概念進行串聯，然後置入整個主題當中的大架構**，建構起幼兒對此主題完整的概念。

　　在綜合活動當中，教師可以針對孩子在學習指標的表現重點進行討論與分享，或者安排在過程當中幼兒意外的發現。但要掌握的原則是：要跟幼兒在學習、操作的過程是有相關的。

　　簡言之，**綜合活動是一個總結與延伸學習成果的時間**，並非只是單純地請幼兒說說自己做了什麼，要能引導幼兒重述自己學習的過程，並納入他人的經驗，再重新思考有沒有其他更多學習的可能？同時檢視整個教學活動當中，有沒有朝著當初所設定的目標前進？如此，才能算是一個完整的教學活動結尾。

小結

　　回歸前述，其實教學確實是一門專業的藝術，單從這些文字敘述，難以呈現它的博大精深，但**我試圖勾勒出一個簡單的意象，主要的目的，是希望提供職場當中，具有豐富教學經驗與熱忱的老師們一個具體的架構，至少在準備的時候可以稍有依循，不至於毫無頭緒。當然，也不是看完這些你就忽然會教學演示了，重點還是在於要自己努力的下功夫。**

　　我不覺得自己提供的架構很厲害，因為還有很多層面可以做討論，我所能寫的也只是教學基本盤，在此也就僅供各位參考。

　　我也想給正在看這些文章的考生們一些想法。**不要只是因為教甄才磨練自己的教學內涵，教育是百年大計，幼兒教育更是，它在我心中是一份無可取代，最偉大的工作，如果你只是因為考試才來磨練自己的教學技術，而非真心想要投身於這個領域，我會強烈地詛咒你考不上。**

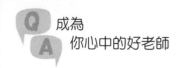

學前特教教學演示內涵分析與討論

　　有別於一般幼兒教育，學前特教這個領域其實相當曖昧，它橫跨了兩種不同學理背景的教育系統：小學與學前；普教與特教。小學與學前本就很不同，再加上普通教育與特殊教育，我覺得學前特教的領域是一種很神祕的東西。

　　之所以稱它曖昧，主要是因爲，如果從幼兒教育的角度來檢視，會覺得過於教師主導與單一性，但如果從特殊教育的角度來檢視，則會感覺課程過於鬆散沒有焦點。也就是說，在教學演示的部分，它的不確定性就又更大，因爲，評審身爲幼教或特教，就會影響他們對教學演示的觀感。

　　我其實曾爲了這個觀點困擾很久，每年到這時候，指導學生進行演示，我也都會全部重新反省一次我的教學信念，每次都無可厚非的面臨很多衝突，我究竟應該要在學前特教育當中，展現出幼兒教育的精神還是特殊教育的精神？

　　我不曉得現場的學前特教老師是否會跟我有同樣的疑惑？但爲了要解決自己這點疑惑，我確實花了很多時間來回在這兩種教育體系當中，直到現在，我才感覺自己可以「稍稍從這個泥沼當中掙脫出來。

　　事實上，妥善的回應這個論點，也正反映出了融合教育的重要精神。我應該跳脫出兩者對立的想法，重新整合幼教與特教，方能呈現出雙方的最佳優點：「幼兒教育領域從全人的觀點來認

識孩子,展現對發展的尊重,並致力於鷹架學習。雖然當幼兒有身心障礙時,他們的發展進程將不同於一般的典型發展。但在專業整合後,我們依然要理解:就算是身心障礙,其本質依然是幼兒,因此某些方面,發展的架構還是適用。而在各種合宜的幼教環境中,依舊可以使用諸如工作分析、應用行為分析……等的特殊教育專業教學法,綜上,在此種脈絡底下,幼兒本身的發展需求和課程之間的契合度,才是教育成效的關鍵!」

　　過往,我都會告訴學生說,因為學前特教的曖昧性,所以你自己選擇要朝特教或幼教的路線走,至於評審賞不賞臉,就不是我們可以決定的。

　　當然,這句話到如今教甄的戰場上還是適用,不過這次我將嘗試用整合性的觀點,來談論我理想當中的教學演示意象,至於是否採用,就看各位考生自己囉～

我在這裡修改了一張課程取向的概念圖做參考:

成為
你心中的好老師

不同教學取向幼兒引發及決定權不同的程度 （修改自 Judy Harris Helm; Lilian G. Katz.2001。 引自林育瑋等合譯，2003，p.1-5，華騰出版）					
幼兒因能力限制， 較無法參與引發與決定				幼兒參與較多， 有決定權且主動引發	
單一概念 Single Concept	統整的概念 Intergrated Concept	單元 Unit	論題教學 Thematic Teaching	教師主導的探究 Teacher- Directed inquire	方案 Project
由教師指導與決定內容，以單一技能或概念為主。	教師指導與決定內容，但會稍微統整技能與內容。	由教師指導與決定內容，針對小主題進行不同領域的單一探究。	由教師指導與決定內容，或由幼兒引發的，由範圍大的主題裡統整學習經驗。	由教師引導主題並做計劃，由幼兒而進行更深入的研究或探查。	深入的探究，可能由幼兒或教師引發的，研究重點在針對幼兒的問題發現答案，依幼兒的興趣發展。

　　雖然上面這張圖原本是比較偏向要強調方案課程的好處。但我認為，從教育的信念來看，「**教師的主導程度高**」並非不好，只要其主導的依據，是源於幼兒的需求，某方面來說，也是幼兒主導，只是從表象看起來是「教師主導」，而已。也就是說，毫不考量幼兒需求的教師主導，才是我認為最不適切的教學方法。

學前特教最常見的教學方法——直接教學法

　　直接教學法是當前學前特教最常看到的教學模組之一，也是在特教的領域最常用的方法，我也常看到考生宣稱用這種方法。

　　之所以用「宣稱」，是因為很多教的人根本不理解直接教學法

的脈絡，只是隨便拆解題目的概念，反覆地呈現圖卡跟唱幾首歌，就認為這樣有教學的成分在了，我或許應該稱作這種教法為「**亂無章法**」。

在此所指的直接教學法，是有嚴謹系統的教學序列，在學理上有一定的步驟可依循。詳見以下：

1.陳述學習目標，將學生導向即將進行的授課

通常在開始授課前，教師就會先說明本堂課的教學主題與目標。很多考生通常會在主題揭示之前，談及所謂的上課公約，像是發言要舉手、眼睛看老師……等（但你知道，這些規則看在幼兒教育裡面大概會覺得我們在軍事化幼兒）。

2.複習先備知識和技能

在破題之後，教師則會先針對這個主題當中，率先複習幼兒的舊經驗，以此引起學習的預備度，並將本次要學習的重要內容相互連結。通常考生會在這邊，描述上一次我們從事了哪些活動，並稍微請幼兒表現或說明一下，已確認幼兒對於舊有的經驗都有理解，才會進到下一步。

3.呈現新材料

第3、4、5點其實等同於所謂的發展活動。在呈現新教材這個階段有幾個重點需要考量，教師要如何有邏輯地安排重要的概念？

▲用怎樣的方法來說明這些概念？

▲有哪些正向的例子可以用來佐證概念？

▲有哪些反向的例子可以用來區辨概念？

▲能安排那些活動讓幼兒操作？

如以洗手的例子做為說明，我們最常見到使用「濕搓沖捧擦」做為新材料的呈現方式，這裡採用的是「動作的先後順序」來拆解課程內容進行教學（或許可以稱做為工作分析），當有了這個順序以後，在每一個步驟內詳細說明步驟的重點，如何說明則有很多種方法，像是文字、圖卡、影片、直接示範……等。

接下來，教師將呈現正確操作方法，濕要多濕？要搓多久？怎麼沖？如何捧水？怎樣擦叫乾淨？在完整示範一次之後，為了要能幫助學生區辨正確的反應，這時候就會提出反向的例子來說明，怎樣的表現是不適當應當避免？通常在正向與反向例子交錯學習後，學生就能明確的區辨本門課學習重點。

最後，就是應當安排讓學生有實際操作的機會，藉以建立對於課程的經驗。所以到這邊，通常會請幾個孩子上來進行實際的操作。

這裡要補充說明，**除了採行「動作的先後順序」來拆解課程內容，有些課程則需要利用「發展或知識內涵的順序」來做拆解。**然而，有些課程的主題就不盡然有所謂的先後順序，這時候教師就要思考，該如何妥善安排。

我建議參考一般的教學原則做拆解依據：離學生生活越接近的概念優先呈現，再以此經驗向外擴展。如：當要論及洗手的場地時，我可能會拆解為廁所、廚房、學校、百貨公司，並以廁所做為第一個呈現的重點。

注：用濕搓沖捧擦的順序來教學前特教班，我個人覺得很不適切，各位知道爲何嗎？

4.進行學習探測

學習探測是讓老師理解學生經過說明與示範之後，對教材的學習到了哪一種程度，然後根據學生的程度，進行個別的提示與指導，期望學生能穩定的達到學習目標。

有別於前一階段只是部分幼兒操作，**在這階段強調的是每個學生都需要實際操作**。教師會安排一些實作的活動或遊戲，讓每一位幼兒都有機會可以進行實地操作，教師則要根據學生的反應，提供適合的提示與指導。是以，眾多的教學提示與個別調整技巧，就會在這一段呈現出來，因此，這一環節可說是教學演示整個最重要的核心。

延續上一個例子，當說明與示範完洗手步驟後，教師可以安排一個洗手的遊戲，在學生手上沾染顏料，邀請每位學生實際操作洗手的流程，在過程當中，教師則逐一檢視學生的表現，或透過手上殘餘的顏料、泡沫，指導學生可能是哪一個步驟不夠確實，需要再次加強。而在指導的過程當中，自然也要依照學生目前學習到的程度還有學生本身的障礙限制來提供支持。

5.提供獨自練習機會

指導結束以後，教師接下來需要安排學生可以獨自練習，**目的就在於要透過反覆的練習將學習的概念與步驟精熟**，通常，教師可能會安排一場遊戲或競賽，讓學生可以獨立、反覆的練習。

在此要留意的是，於此階段，所提供的是反覆練習之「機會」，所以教師也會根據上一階段的結果，提供每個學生所需要的支持，讓學生可以有成功反覆練習，也就是說，**提示與支持在這裡並不太適合完全撤除，但可以開始適度的減少。**

如：指導完個別學生洗手後，教師設計了一場洗手大賽，讓學生分組進行洗手接力賽，在時間之內，看哪一組的學生可以洗最多次手，但在開始之前，教師還是會先說明洗手的要點，並在進行過程當中，針對有困難的學生給予一些少量的提示。透過這樣反覆的練習，來強化學生對教學內容的記憶與精熟度。

6.提供分散練習和複習的機會

第6、7點等同於綜合活動。

有了反覆練習的經驗後，也將進入教學的活動後段。於此，教師會再次針對前面學生的活動給予講評，並重新複習一次教學的重點，讓學生可以把剛剛自己的表現跟教學內涵做一個相互呼應。為了要能類化與延伸學習效果，通常也可以給予家庭作業，或者將學習重點能夠類化的情境在這個階段做說明。

7.評量表現和提供回饋

課程的尾聲，教師即開始針對每個學生的目標進行評量，在此評量的方法則要根據每個學生的個別化目標設定，同時考量其障礙限制，使用適合的方法，在評量結束之後，課程才算是有一個完整的收尾。**但在這個階段，要藉由撤除教學的提示，來看學生的獨立表現為何了。**

評量的方法就有很多，可以實際操作、問答、指認……等，但要掌握的原則就是，評量的內容要跟該學生的目標有直接關係。

以上，我簡單說明直接教學法的完整歷程。直接教學法看似缺乏幼兒的參與在裡面，可是這種教學方法，對於很多有認知缺陷的特幼兒來說，有時候是一種很有效的學習方式。

當然，既只是一種教學法，就會有他的限制，總的來說，直接教學法在幼兒教育當中會面臨幾個問題：

1.有些主題用這種方法上起來很詭異，缺乏學習脈絡。例如：你要怎麼樣用這個方法來教好玩水的這個主題？

2.過於單一與結構的作法，會忽略了能力較好的幼兒。誠如前述，此教學法適合有認知缺陷的幼兒，但如果是針對一般幼兒，或是僅有感官障礙之幼兒，這樣的方法並不適合他們。

直教教學法僅僅只是教學法的一種

我想再次說明，**直接教學法僅是「一種教學方法」，自然無所謂的好壞，真要評價的話，主要是看「教學法與學生的適切程度」**，而這個適切性就是由教學者對學生所下的判斷。

因此，如果希望能夠讓自己的教學能符合不同孩子的需求，還請各位學前特教的考生，花多點時間理解一下一般幼兒教育的內涵，可簡單參考我前述學前試教的文章，我暫且稱為這類的教學法為「引導建構式」。

在我心中理想的學前特教教學演示意象，**便是教師能依照幼兒的需求，遊走在直接教學與引導建構之間**。其兩者之間的比例，就得依照自己設定學生程度而定，如果對象多偏向認知缺陷較多的幼兒，直接教學的成分自然是比較多，可是如果當中有能力好或者是融合班的情境，那麼引導建構的成分就少不了。

談到這裡，自然又要進入「**不可說**」的意境了，就請自行細細體會。

學前特教教學演示組型

到此可以進行總結，學前特教的教學組型，大致可區分為以下三種類型：
1. 直接教學式
2. 引導建構式
3. 混合式

如果用我們這行的行話來說，兜了一大圈，混合式就是所謂的**多層次/差異化教學**，雖然到頭來講的是同樣的東西。但是，在學前特教中，層次之多與差異之大，都不會是一般幼兒教育可以比擬的，因此，真正要落實的時候，**如果教學者本身只具有一種教學的素養跟知識，就算知道了多層次/差異化教學的概念，最終還是沒辦法呈現出來的。**

如同我所說，我見過很多其實連直接教學法都無法精準執行的考生，在過程中再怎樣解釋多層次的概念，對其來說就像是「只可遠觀而不可褻玩焉」。

　　這也是我爲何要先說明直接教學法的理論步驟，基本上，**如果考生沒辦法樹立起基本的直接教學的組型，大概就會被直接刷下來了，畢竟，對特殊教育來說，這是最基本的功力。**

該怎麼混合？

　　先從破題來說，引起動機的採用，其實很好呈現以幼兒爲主導的表現方式。有別於小學的分科教學，在敘明爲何要進到這個主題時，學前特教老師很容易運用生活經驗來進行連結，可以鋪陳是由幼兒引起的學習主題。

　　分別感受一下下面幾個句子：

> 「上次我們介紹了水果，今天要來認識蔬菜喔……」
> 「前天小明爸爸拿了很多的新鮮蔬菜過來，曉華、莉莉都跟老師說，有好多蔬菜她們沒吃過也沒看過……」
> 「昨天去動物園的時候，老師有發現，我們班的小朋友都停在企鵝館好久好久，很像都很喜歡企鵝……」

　　你能從上面的例子，感受到什麼是用生活經驗來連結嗎？

　　其次，發展活動的安排，則交錯以探索式、直接教導式的活動，對於稍有認知能力的幼兒，盡可能安排探索式的活動，透過引導探索建立起對目標的概念，對於認知能力較差的幼兒，則提供具體的邏輯結構，讓其能按部就班學習。

　　這中間的關鍵，就有賴教學者仔細思考提供怎樣的對話架構才能夠凸顯這兩者的差別。

例如要讓幼兒分辨雞和鴨這兩種動物：

「我們教導幼兒，從外觀、叫聲、腳掌來判斷，鴨大雞小、雞咕鴨呱、鴨樸雞爪，設計遊戲，讓幼兒反覆經驗這些特徵，最終能記得從哪些層面分辨。」

「先安排參訪讓幼兒觀察兩種動物的外觀；讓幼兒聆聽兩種動物的叫聲；操作腳掌拓印的活動（好像有點詭異……但也還算可以），最終可安排幼兒發表，從這些活動當中，能不能分辨這兩種動物的不同？」

談到這裡，請各位回扣上方的「不同教學取向幼兒主動引發及決定權不同的程度」圖，你應該就可以稍微明白，所謂的游移在兩種教育系統內的感覺是什麼了。

要能在發展活動當中呈現出不同的教學層次，**小組教學是一種比較理想的組型**（如果你功力夠深厚，從學習區課程切入也是一種很棒的方法），透過簡單的將學生分組，就比較能夠展現出有層次的教學。**不過，在分組過程當中，還需要考慮到當下人數的配置、學生程度、小組開始與結束的順序，以及最後要如何串起分組後的總結。**

把上述三種教學組型作比較的話，大家應該會覺得第三種好像比較厲害吧？我也是這樣覺得。但是我要告訴各位考生，教甄畢竟是考試，牽涉到的是整體觀感的問題，而且僅只有一次的機會，如果你挑了一個自己做不來的教學組型，會讓你吃大虧的。

我倒很有信心說：**教得好的直接教學法／引導建構式，會比教爛的混合式，更有機會被錄取**，因為一旦教爛了，你給評審的觀

感就很差，也不能補考，就明年再來囉！**所以我還是鼓勵我的學生，請你考量自己的哲學信念與個人能力，挑選適合的教學組型。**

整體概念至此，相信考生對於教學已有基本架構，所以，趁此檢視一下自己目前的教學法是否為「亂無章法」？如果是的話，就趕緊選一個做為自己基本的教學底子練喔！

到這個段落，我要呼籲學前特教的考生，唯有透過自己在教學實務嘗試各種不同取向的教學方法，才可能提升自己的教學素養與知識。

個別調整的重要概念

接下來，我還要討論的，是在學前特教教學裡面另一個重要的概念。如果說教學組型是學前特教的骨，那這一點就是學前特教的魂──個別調整。

念特殊教育的人都知道要調整，但是關於個別化調整的藝術也很難言喻。過去在學校，我們學過智能障礙、自閉症、感官障礙類、ADHD、情緒障礙……等的教材教法與調整向度，可是進到現場後，才發現，這些類別根本不會是單獨出現，而是一擁而上。

簡單說，我知道學過如何針對智能障礙調整，但沒學過的是當智能障礙（重度認知缺陷）與聽覺障礙（輕度認知缺陷）同時出現在我班上的時候，我該如何進行課程？更甚者，像是「（自閉症+ADHD）x2發展遲緩x腦性麻痺x情緒障礙」這該如何是好？

當一個過動要衝出門，一個自閉症要準備敲頭，老師應該先

處理誰呢？這些狀況當然是沒有所謂的標準答案，這也正是個別調整困難所在了。

在實務上的個別調整，還會面臨一個問題：「當幾乎對所有學生都個別調整了，課程就失去其主結構」，也就是說，我們很常看到學前特教的課程，變成「只是坐在一排的一對一個別課」。

因此，有必要稍微論述一下個別調整的基礎概念，比較能幫助教學者思考：如何將調整的內涵妥適的穿插在整個流程當中？

在教學過程當中，個別調整可以分為兩個大方向，一個是為了幫助幼兒能參與課堂活動的調整；另一個是為了能幫助幼兒能達成學習目標的調整。

第一個方向，較多是涉及教學活動進行時，應當提供怎樣的素材、呈現怎樣的刺激、安排怎樣的座位或修改活動的規則……等，促使幼兒能有效參與在教學活動當中。這裡說的參與，就是要能讓幼兒可以跟著大家一起進行活動而不只是晾在一旁。這類型調整，會從準備活動一直到綜合活動都不斷的出現，當然，調整的有效程度就要看教學者設定的障礙類別與策略是否合適。

第二個方向，調整是為了幫助幼兒達成學習目標，這個部分就包含了教學目標的調整、教學順序或教學重點的重新組織、提示層次的漸進與漸退、輔助工具之選配、表達方法的改變、評量方式的選擇……等，這裡談的達成學習目標，就是所調整的部分是能明確使幼兒能達到我們預設的學習目標，這種調整才有意義，而這一型的調整，會在發展活動與綜合活動當中出現的頻率最高。

　　回到上述所談該如何避免學前特教的課程，變成「只是坐在一排的一對一個別課？」事實上，**若課程本身只是為了一種學習特性的幼兒設計，要調整的方面就真的會很多，亦即，如果教學者在課程設計之初，就能將各類型的學習者需求納入，所設計的活動自然就能符合他們的需求，後續當然也就不用做太多的調整，這也正是全方位課程設計的精神囉**（最後竟然變成了融合教育的終極版：全方位課程設計）。

到底該如何準備？

　　如果要用一個簡單的流程來說明如何準備學前特教教學演示，我大概會這樣形容：

1. 先決定好自己要的組型。
2. 針對主題拆解合宜的重要概念。
3. 在概念底下決定好普-高-中-低組幼兒的學習目標。
4. 依據這些幼兒的目標與主題特性，先規劃出主要教學活動。
5. 根據幼兒學習特性，採用適合的教學理論與方法來設計有趣的活動。
6. 考慮幼兒的障礙與學習特性，選擇合適的調整策略與評量方法。

　　因為看到這裡，**我相信大多數人跟我一樣，還是不知道該怎麼準備教學演示**，畢竟，這種東西可不是你把我的內容看了十次以後就可以自己長出一個很棒的演示內涵，終究還是需要靠自己演練，還有最重要的：**平日教學的素養與增進自己教學知識**。

　　不過，我到相信，如果你練了20次，重新回頭來看看我提供的架構，應該可以讓你在第21次的時候有些微的突破。

　　最後，我還是不免俗的要強調，幼兒教育在我心中是最偉大與神聖的工作，**如果你是一個只為了考試才磨練教學技巧的老師，而非真心奉獻在這個領域，我會用強烈的意念干擾你考不上喔，祝福大家。**

這樣演，讓你的教甄演示更到位

　　小宜是個認真的老師，準備的教學演示內容穩建，在提問和課程設計方面也都還有符合教學原理，但考了幾年都沒能上岸。某次機會之下，她請我協助看看她的演示內容。其實基本注意要點她都有顧到，但我看著小宜的演示過程，卻不自主的想要打起哈欠來。

　　跟她討論時，她問我她的教學**到底缺什麼？**（其實是缺運氣囉）。不少考生告訴我，**教學演示很假，自己怎樣都演不出來，**可是面對小孩，這群老師可是神色自若，游刃有餘。

　　是，我承認，教學演示真的是假到底。

　　但，我還是問他們一句：「**那你到底要不要考教甄啊？**」

　　這時候每位考生缺還是心虛的說：「想……」

　　我說：「**那你管它假什麼？如果你真心想要考，我拜託你、懇求你，務必要『假戲真做』！**」

　　我跟小宜說：「你的教學穩建，但太假。為什麼假？因為這些課程只發生在你的腦中，你沒有實際把它『**演出來**』。」

　　「我該怎麼演？」。

　　「先不講別的，就看整個10分鐘當中，你的位置都沒有改變過，從頭到尾就蹲坐在那邊，你在真實教學的時候會這樣嗎？」

　　「當然不會啊！我會根據孩子的需要調整教材的位置。」小

成為
你心中的好老師

宜有信心地說。

「是啊，而且，正常在操作學習區的時候，你總不是在旁邊瞎混吧！」

「恩，會進到學習區內看小孩啊！」

「是啊，但剛剛我並沒有看到你『走進去』，你就只是在原地說明小孩發生什麼事，這不就是很假嗎？」

「喔，還有！你連唱歌也都在原地，甚至是邀請小孩或操作課程時，彷彿一切都有瞬間移動的能力，一下子就可以SETTING好！你能說這不假嗎？」

「那……我要怎麼做呢？」

教學演示是個虛擬的情境，但也正因為是虛擬的情境，更需要考生**真實的投入**。

我說句實話，**教甄的評審不是神，你該不會天真地以為，短短十分鐘真的能看透你嗎？絕對不可能！**

先不要論斷考試公平性，我且問考生：「你有沒有自信在十分鐘內可以展現自己的專業程度給評審知道？」要在十分鐘內展現自己的專業，你需要真實呈現你的能力，包含了你的眼**神**、**聲音**、**語調還有教學現場的走位**。

一場演示，要帶給人「**如臨現場**」的感受，才可能夠獲取評審的注意力。評審是人，一天看好幾個不會動的考生，你到底希望他能專心哪裡去？

如果你在演示的時候，心中真的有孩子，你的一舉一動，你的每一個提問，甚至是你的位置，都會圍繞著幼兒移動。所以，

正常的教學，不會是只有在那邊「不動」，然後就覺得評審可以看穿你腦中發生的情節。若你抱有這種奇怪的期望，我想你大概不適合來考教甄。但這不表示你不適合當老師喔！所以，也請記住，考不考得上教甄，跟你是不是好老師沒有絕對的相關喔！畢竟，一堆考進來的也不是什麼好東西囉。

回過頭，既然你是衷心地的想考教甄，就請你放下身段，好好地「把這場戲演好。」

因此，我會跟你們分享，在幼教教學的過程當中，老師在現場的走位方法。這不是什麼新奇的東西，是我們最平常不過的教學表現，只不過是我把它系統化，讓你們可以更理解怎麼「演出真實的教學」。

「走位」這件事情本來就是教學當中必要的，面對真實的學生你很容易就有知道該怎麼走，只是在虛擬的情境下，你就需要特別排演一下，好搭配你的教學技術，讓整場教學演示有「臨場感」。

我就自己的經驗，大概把演示的走位依照採行的教學模組分成三類：**經典不動式**、**團體教學的走位**、**小組或學習區的走位**。

經典不動式

經典不動式，幾乎是每一位考生必定會經歷的過程，因為不知道該怎麼「演一個好的教學」，所以就會待在同一個地方，然後自言自語到結束，從頭到尾都沒離開過。

於是乎。就產生了「師不動生不動；生不動師不動；師生都不動」的窘境，當然，最後我想你的分數大概也不會動了。

你！對的，就是正在看文章的你！請你看完這段之後，務必、一定、千萬不要讓自己成為經典不動式的繼承人！

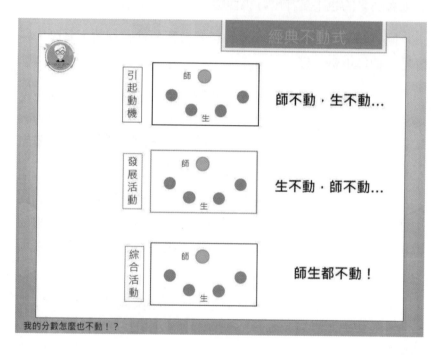

團體教學的走位

如果你的演示大部分是採用團體教學，那一定要注意，在說明或討論的時候，要兼顧到每一個幼兒，因此，你可能會用**扇形**的走位方式，以確保每個幼兒你都有關注到。

而發展活動的教學過程當中如果運用到歌曲律動，**邊唱邊走是一種最活潑的表現**，試著想想律動的畫面，引導幼兒圍成一圈，也能讓幼兒彼此相互照面，更有利於接下來的團體討論。

當然，你也會用到一些小遊戲。思考一下，為了要講解分組的規則與動作，老師通常很忙碌的，因為除了講解，你還需要親身示範，所以**自然就會兩邊跑來跑去**。

團體教學的發展活動後，為了統整幼兒的經驗與總結課程，就會很自然地回到原本的位置來收尾。

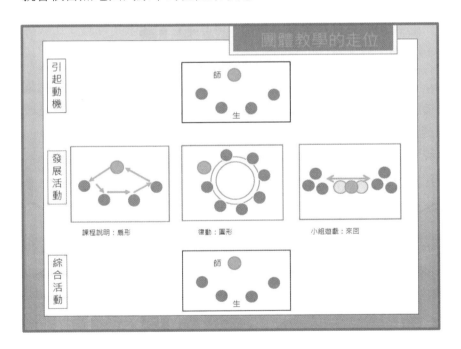

團體教學的走位

引起動機

師 生

發展活動

課程說明：扇形　　　　律動：圓形　　　　小組遊戲：來回

綜合活動

師 生

小組或學習區的走位

小組或學習區的走位就比較複雜了，通常在主要概念鋪陳結束後，幼兒會分別進入各區或各組探索，老師這時候當然就是會巡視各區/組，然而各區/組的順序，就依照教師你自己的安排，或是說你有各種考量，要先進哪一區，再去哪一區。

我也真的看過考生自己忘了走過哪一區，或同一區進去兩次。因此，**我建議用菱形或八字形幫助自己記得順序，就比較不會忘記。**

菱形的走位感覺**穩健順暢**，但八字行走起來其實感受比較**活潑立體**，考生自己可以感受一下，再決定要怎麼走。

來到綜合活動的時候，大致上來說，可以分為「**到中央的整體總結**」，或老師特別需要凸顯某一區的經驗，就會到「**特定區域進行總結**」。

譬如說，幼兒要分享積木區蓋的大城堡，畢竟積木無法移動，所以這時就會再次進到該區做討論分享。

所以，你在總結的時候，並不一定要跟剛開始的起始位置一樣，在其他區內也是可以的，但就演示的位置來說，就是避免背對評審（圖中C區的位置）。

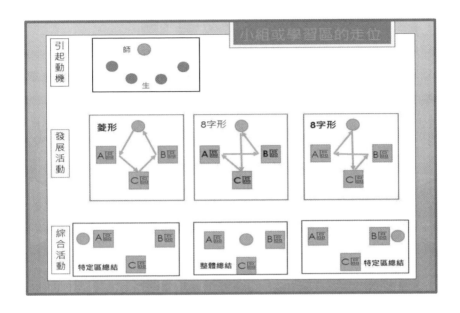

走位這件事，說難不難，因為真實教學我們就是這樣處理；說難也難，畢竟需虛擬的情境，你需要用身體來幫助記憶你自己的位置。

我記得大學時代的教學演示，我的老師十分強調模擬時的走位方式，他說：「**面對沒有學生的情境，你必須把學生放在心中，這樣才是真實的教學態度。**」所以，能走到位，就表示你完全投入在這教學的氣氛當中。我想，大概是「**現場雖然沒有孩子，殊不知孩子已在你心中～**」的感覺。

我常聽到考生訴苦，覺得教甄好難考，都要一直演，真的好累又覺得好假。

　　我絕對同意，也知道這樣的心情。但老話一句：「你到底要不要考？」

　　如果你的答案是肯定的，就請你不要玻璃心，我們都是成年人了，不要再執著評審不了解你，你該問問自己：

　　「這十分鐘之內，你到底有沒有用盡全力讓評審了解你？」

　　「你有沒有散發出你的熱情來感染現場？」

　　如同我說的，其實在教甄的現場，愛孩子絕對不能從自己的口中說出來，請用你最真實的表現，讓評審強烈地「感受到你的教育愛」。

　　說到底，在人為制度下的遴選，還是有某種程度會受到表面效度影響。

　　但我沒有要教你「假裝演」，我是要你「真的做」！做出你最真實的教學態樣，演出你最強烈的教育熱忱。是的，我知道，教甄好假，但假的是這虛擬的教學情境。可是，我也明白，教甄好真，真的是你那對教學的熱情。所以，就請你努力地「假戲真做」吧！

這樣問，讓你的教甄演示更專業

教學演示一定會經運用團體討論，但要說是團體討論也不太像，應該說，很多考生在演示的過程，都會使用提問的方法來帶領討論，**但說實話，提問如果沒有技巧，最後大概就會變成單純的口頭評量**，甚至是最常見的是，每次老師一問，幼兒就自動會回答，**那既然都會了，你是要教什麼？**

曾有考生問：「那我問幼兒，可是他不會，我該怎麼辦？」**這不是廢話嗎？那就要教啊！**那什麼才是教呢？教的技巧有太多，這邊要跟大家分享的是最常用的**提問教學方法**。

大家都在「問幼兒」，但提問是有技術的，不是隨口問問～在提問教學法當中，提問者本身的意圖是關鍵。**如果老師是只想「問出答案」那就沒有教學的意義，但如果是「用提問促進思考」那就會有教學的成分。**所以，在運用提問教學法的時候，我建議請先掌握兩個大方向：

1.先講重點再提問

因為是「教學」，如果連最簡單的說明都沒有，老師就直接提問，那你到底想獲得什麼答案？提問的目的在確認幼兒是否有理解，或者是有無需要延伸、補充及深入探究。所以，先講重點再提問。

2.問題要事先設計

不要隨興演出，提問教學法精華在問題，所有的問題都要經過深思熟慮，而且，你一定要預測這些問題出去之後，幼兒會怎麼回答，才能夠知道你要怎麼回話。問題有分很多類型，端看你整門課的重點要放在哪邊，可以是單一種類，或是廣泛。因此，第二的大方向——問題要經過設計。

教師提問類型

提問的問題大致可以分成五種類型：

1.認知記憶型

單純以記憶認知為主要，目的在確認幼兒有無記住課程重點。當在介紹一些新的概念或是有正確答案與步驟的時候，就可以使用這種類型。

例如：台灣現任的副總統是誰？米飯是哪一類的食物？

其實這類型的問題，是大部分考生最常使用的，**不過這個的層次最低，整門課都是這種問題的話，這場教學就沒什麼水準了。**

2.聚斂型

有固定思考方向的邏輯性問題，通常可以藉由這樣的問題，引導幼兒朝向教學目標前進。例如：你有25元，花掉7元，剩幾元？要用最快的方法到車站，我們可以怎麼做？

但這類的問題也是有標準答案，比較沒辦法接受另類的想法，若你的課程設計比較偏向高結構，那運用這樣的問題來提問，

就比較能達到教學效果。**當然，缺點就是這種問題問太多，整堂課程會很無趣**，同時會讓很多不太擅長回答問題的幼兒失去了討論的機會。

3.擴散型

沒有特定答案的問題，要讓幼兒能夠依照自己的經驗回答。例如：假如人人都只能活到20歲會怎樣？

擴散性的問題，就希望幼兒可以廣泛的思考或猜想，**但其實擴散性的問題對老師是一種極大的挑戰**，如果後續引導的技巧不佳，很容易就被發散，該如何從各種不同的答案裡面，**整理出教師希望探究的重要概念**，是這類型問題最需要思考的。

但如果選擇使用擴散性問題，也代表著沒有特定的標準答案，教師也不可以去論斷幼兒回應的對錯，以免又變成記憶型或聚歛型問題。

4.評鑑型

指的是對某個事件或知識的價值判斷。例如：你對司馬光打破水缸的看法？

評鑑性問題的回應，**通常不會只有停在價值判斷，還需要追問判斷的依據跟理由**。因此，這類型的問題並不容易回答，也不太一定一次就可以從幼兒口中得到答案，**有時需要接續的詢問，讓幼兒可以理解題意**。

再者，因為老師的特定形象，有時候這種問題，會被幼兒理解成為「記憶型」，也就是說，老師如果心中已經有定見，幼兒

就會猜想老師要的答案，然後「投師所好」，**所以教師自身對於問題的採用，一定要保持謹慎與開放的態度**，不要班級經營到最後，結果所有的問題從你口中問出來，通通都是有標準答案的。（這點在演示也可常見，有時候明明是評鑑性問題，老師聽完某一幼兒回話後，很容易就說很棒！很好！但對另一個幼兒沒有回應，這就是明顯的心有定見！只是演示的人不自覺而已。）

5.常規管理

顧名思義，就是管理的問題啦！這些問題就跟你課程內容沒關係，主要與當下的班級經營有關。例如：是誰還在講話？

演示中幾乎不會有人提出這樣的問題，**彷彿班上團討的時候一切都相當平和、穩定**。不過，我想只要在現場待過的人都心知肚明，這類型的問題可是現場教師使用次數蟬聯第一的問題啊！可不是什麼驕傲的事情喔，一整節課都在管秩序，那這老師問題實在很大，偏偏這種老師在現場還不少！心虛了吧！是你，對對對，就是在說你囉！但回過頭來想，這種問題雖然不會出現在演示場面，可不表示你不能運用，重點在要用到恰如其分，只要思考運用的時機，其實是可以為你自己整體的班級經營加分的。

我該怎麼運用？越開放越好嗎？

看完五種類型的問題，有些人會問：「從開放教育的角度來看，好像應該要避免認知型與聚斂型的樣子，是嗎？」

但我個人並不這樣認為。整體來看，**課程的提問如果想要能夠拉到擴散性與評鑑性的層次**，其實認知性與聚斂性的基礎是必要的，如果沒有特定的基礎，幼兒的回應會太過發散或是與課程無關，所以在提問類型的拿捏上就要掌握得宜。

剛開始或許以認知與聚斂型的問題為主，來到發展活動的尾聲以及進入綜合活動階段，問題就要轉變成為**擴散型與評鑑型**，讓這兩種問題能夠建立在你的課程基礎知識之上，才不至於脫離教學目標太遠。

所謂的創意，其實是建立在很多扎實的基礎上，你不太可能沒有任何基礎，就會產出好成品。所以，試著用這幾種問題，讓你的提問可以有明顯的層次出現，這樣定然能展現出你的專業！

教師提問形式

除了問題的性質，依據老師提問的形式而又分為：

單一深入的尖峰式

尖峰式，就是老師針對單一幼兒連續提問，可以讓聽的人聽出問題回答的精采程度，也能讓被問的幼兒有更深入思考的機會。但尖峰式的提問，容易塑造課程小明星。也可能會讓比較沒有信心得幼兒感到挫敗，使用時也要斟酌。

廣泛詢問的高原式

相較於尖峰式，高原式就是普遍點名來提問，不特定針對哪一位幼兒，這種提問的方法就是在廣泛蒐集幼兒的學習經驗，並能顧及更多的幼兒。通常在幼教演示當中，高原式被採用較多。

除非你想要展現深刻的建構技巧，不然應該避免使用尖峰式。但，其實很多考生自己都不太記得演示的時候有沒有犯這個錯誤，我建議你應該要有意識的規劃要提問的對象、數量，不然看的人也很容易發現你都在問同一個人。

教師候答技巧

談完提問的問題類型與方式後，**候答的技術也是相當重要**，候答的意思當然就是等候答案，等候答案時，請老師耐心等待，**時間不宜過短**，或是才一下子馬上就自己接話講，真實的情況是要認真傾聽幼兒的回應。

其次，**必要的時候可以重述題意**，換句話說讓幼兒可以更明白。演示的過程當中，最常看見每位老師的問題只講一次，幼兒似乎就全部都秒懂，但正常的狀況，總有天字兵團的幼兒不理解，此刻為了展現你的專業，請用更簡單的的話，把題意重述一次，就能讓你的教學增添豐富性。

第三點要注意**適時遞補人選**，在正常教學過程當中，有些幼兒被點到了，可能答不上來或不知所措，教師這時候不是看著他發呆，而是要馬上遞補適當的人選，讓課程可以繼續。

教師理答技巧

終於進到了最後，關於理答的技巧。**理答可以說是教學成敗的關鍵**，提問之後並不是幼兒說出答案就沒事了！但每次演示的時候，**每個考生的幼兒都是超級厲害，問一次都知道答案，老師都不用教**！或很多老師只是轉述幼兒的話，就覺得完成教學了！這真的是致命的一點！

請記得，**教學的核心是要建構幼兒**，提問是一種方法，你問，幼兒回答，然後呢？當然你要根據幼兒回答來決定怎麼引導他朝向教學目標前進啊！

沒有理答，我可以說你等同沒有教學意義！所以請務必、務必、務必，在等到幼兒回答時，要理答：處理幼兒的回答。理答可以簡單分為三個方式：

1.框補

修補幼兒的回應，使他更**趨**近於完整或是提供更廣泛的思考層面，讓答案更為豐富，且能讓幼兒重新回憶起教學的重點。

師：我們在哪邊發現春天？
生：我看到小花園的花開了！
師：是的，上次我們還觀察到每天的氣溫也產生怎樣的變化呢？
生：開始變熱！

2.探究

針對幼兒的回答，提供更深入的問題或是詢問更多的細節，讓幼兒可以再進一步的思考。

師：我們在哪邊發現春天？
生：我看到小花園的花開了！
師：為什麼花開了就表示春天來了呢？
生：春天到了，天氣變溫暖所以讓花開了！

3.歸納

把幼兒的答案（一位或多位）整理出一個共同脈絡來，這個脈絡就會是我們的主要教學概念。

師：我們在哪邊發現春天？
A生：我看到小花園的花開了！
B生：天氣沒有那麼冷了。
師：所以我們發現了，春天的「變化」有──花開、變溫暖。
（轉身寫下答案）

我透過簡單的分享，希望各位知道提問的一些技巧，如果你的演示過程會用到很多問題，那請一定要經過設計，透過提問、候答與理答的脈絡，更能讓人看見你身為教師的專業，而不是每次提問的幼兒都是天才，可以秒懂！真實的情況也不是這樣的！

最後我把這些技巧整理成一張圖，希望你看圖就可以秒懂。

先講重點再提問
問題要事先設計

| 提問 | → | 候答 | → | 理答 |

尖峰式

認知記憶型：已知的既定事實
台灣現任的副總統是誰？

聚斂性：固定的思考方向
你有25元，花掉7元，剩？元

擴散性：沒有固定答案
假如人人都只能活到20歲？

評鑑性：對某事進行價值判斷
你對司馬光破水缸的看法？

常規管理性：課室管理的問題
是誰在滑手機？

高原式

時間不宜過短

必要時重述題意

適時遞補人選

框補

探究

歸納

好的提問才能激發學習者
對知識探究的興趣

這樣做，讓你的教甄演示更精緻

在幼教的教學演示的脈絡當中，近幾年開始出現考生會在課程當中加入一些有特殊需求的幼兒，然後針對這些幼兒進行個別的介入，用以展現多層次或不同的教學引導技巧。

這其實也是好事，表示大家也越來越看重融合教育的存在，這對身為學前特教老師的我也是甚感欣慰。

但在整個演試過程當中，最重要的，還是教學目標與活動設計之間的連貫性，這些「小技巧」幾乎是不會對整個演示評價有決定性的影響。

也就是說，若你的目標與教學不夠嚴謹，再多這種小技巧也實在沒有幫助，但反過來講，如果你的目標與教學已經相當充實，這些小技巧是可以額外幫你加上很多分的！同時，如果是兩個實力相當的考生，這些小技巧，就可以會讓你驚險勝出。

我寫這篇的目的，有一部分是因為看到近幾年來，幼教教甄考生對於特殊需求者在課程內的角色的「套路」幾乎如出一轍，我細想原因，或許是某一年有位考生運用了這些技巧考上，分享給別人（也可能是補習班分享的），多數人也照樣臨摹，所以，有好一段時間，在所有考生在學習區的劇情當中，永遠都有一位在遊走的幼兒（姑且稱為小天吧！）。看著小天，我也感受到他累了，畢竟，他要在那麼多人的演示裡面出現，每次都要遊走一下。

因此，我在這邊分享給各位，真實教育現場的特殊需求幼兒的簡單調整策略，建議平常就應該在教學時思考到特殊需求的幼兒，這樣你在準備演示的過程當中，才會更自然的把他們放進你的課程當中。

當然，你也可以當做這是一篇簡單的教學策略，未來有這類的幼兒在你的班級中出現，也可以實際運用。

一、聽覺障礙

聽覺障礙的幼兒目前多數都會在普通班當中，如果有FM助聽器的輔具，老師在課堂的時候會配掛FM的發射器，所以在上課之前，老師必須確認自己的發射器有開啟，並向幼兒確認音量是否適中。

師：小汀，老師現在這樣說話你有聽到嗎？會不會太大聲或太小聲？

同時，也會提醒其他幼兒，不要去拉聽障幼兒的助聽器。

師：等一下我們玩遊戲的過程當中，請大家要留意小汀的助聽器，不要故意去拉喔。

當然，在課堂當中，老師也應該適當的放慢說話速度，強調教學的重點，並適時的請聽障幼兒復述一次，確認有無理解。

師：那，剛剛我們討論了很多關於百。貨。公。司。賣。的。東。西。小汀，老師想再問問你，剛剛有聽到哪些呢？

另外，當聽障幼兒起來分享的時候，也可以引導一般幼兒降低音量，讓他可以安心表達。

師：小汀說話聲音比較小，我們大家一起認真聽他說什麼喔！

二、視覺障礙的幼兒

視覺障礙略分為全盲或弱視，弱視的比例較多，也比較會出現在普通班，對於視覺障礙的幼兒，團討時我們會特別安排他坐在老師的前面，並考慮視野缺陷的位置來調整教材。

師：請小華牽小勢到老師前面左邊這邊來，這樣小勢比較能看得清楚。

在準備閱讀教材時，也可以特別放大一份讓視障幼兒使用。在介紹教材的時候，不只是準備圖片，同時也呈現實物，讓視障幼兒也用觸覺探索，參與其中。

師：小勢，老師有把這張圖片特別放大，你可以靠近一點看。
師：今天我們介紹的是鳳仙花，老師今天真的有準備鳳仙花來給大家摸摸看！

三、注意力缺陷與過動症

此類型的特殊幼兒可再細分為注意力缺陷、過動或兩者合併。面對單純注意力缺陷的幼兒，教師在呈現教材或是討論上，可以運用具體的指引方法來維持其注意力，例如：在圖卡上特別

用紅點標出重點、引導幼兒用手指認目前的教材進度、利用朗讀方式的自我引導來集中注意力。

師：小分，老師另外準備這份有重點的圖卡，等下請你用手比出這些貼有紅點重點，然後再大聲唸給同學聽喔！

注意力缺陷的幼兒，在操作學習區的時候，教師也可以準備一個安靜有區隔的角落，讓他可以專注於自己的工作。

師：小分，你選好工作籃之後，就可以到專注區那邊，那裏比較安靜，可以幫助你比較專心，能做得更好喔！

面對有過動症的幼兒，則可以採用事先約定，並提供具體的提示，讓他知道還需要多久的時間才能離開。

師：小動，等下上課10分鐘後，老師會請小素阿姨（助理媽媽）帶你去走一下，10分鐘就視等這個番茄鬧鐘響，所以現在你可以安心地坐下來聽喔！

如果是面對兩種都有的幼兒，教師的提示就要更具體與明顯，並視情況採取必要的彈性措施，同時搭配正確的增強鼓勵，讓整體的班級經營是正向的。

師：老師發現小衝已經有一點點不耐煩了，那我們先請小衝出來幫大家發下等一下會用到的操作工具！……哇，小聰真的都發給大家了！我們替他鼓鼓掌！那還有一點時間，番茄鬧鐘就要響了，小衝再努力一下就可以出去走走了！

四、語言發展遲緩

　　學前階段語言發展遲緩應該是最大宗，但在教學現場，老師很容易忽略這些語言發展遲緩的孩子，不論在團討或操作的時候，其實只要運用一些簡單的策略，就可以關注到他們。延長語句是我們最常使用的。

　　討論搭車經驗時

　　小慢：車…932…遠百

　　師：小慢！很棒耶！他跟我們說「他搭932的公車去遠百！」我們再請他慢慢說一次「我。搭。932公車。去。遠百」

　　或是使用圖卡搭配口語，協助語言發展遲緩幼兒表達。

　　師：等下要選學習區的時候，小慢你想要哪一區呢？（拿出圖卡）喔！你選了積木區！那你跟老師說一次：積木區！很棒！你有認真在跟著說！

五、自閉症

　　自閉症幼兒最為人熟悉的就是結構化的特性，所以在現場當中，提供充分的預告系統還有視覺提示，就是非常重要的引導策略。但如何呈現出老師有預告呢？你可以預設今天的活動與之前有一點不同，例如：

　　師：小自，等一下我們要講的故事會跟昨天不一樣，但我們講完之後都還是會有再複習的機會，所以你可以不用緊張喔！

或是在作息上的預告。

師：小自，等一下講完故事，我們就會一起到音樂區做操作，所以你不用緊張！

當然，更好的就是視覺化的系統。

收拾情境快結束…

師：小自，我們已經收拾好了，那接下來要做什麼呢，你看看老師幫你準備的作息表…對！等一下我們就要去上廁所囉！

在實務上，我們也很常會遇到自閉症幼兒有鸚鵡式仿說的狀況，所以，透過換置答案的方法來確認，也是很重要的技巧之一。

師：想問問小自，剛剛我們討論到的水果是香蕉還是木瓜？
小自：木瓜！
師：喔！是木瓜還是香蕉呢？
小自：木瓜！

其實特殊幼兒的調整策略還有好幾種，以上我只是分享幾個簡單的調整策略供考生參考。教學現場有很多特殊需求幼兒，所以請不要再只有那位小天，一直迷路於學習區。

但最後我還是要說明，對於幼教的教學演示來說，教學目標與活動設計之間的連貫性才是成敗的關鍵，如果你沒有穩固的基礎與卓越的教學技術，這些小小調整其實沒有太大的影響，概念上來說，若老師連課都上不好，再調整也沒什麼意義。但，如果你的基礎功力相當深厚，面對和你實力相當的對手，這些小心機，就可能會是你勝出的關鍵囉！

實戰篇
口試準備

從自我介紹開始準備教甄口試

自我介紹向來是口試過程的基礎，說白一點，要在口試的過程可以無往不利，充分的準備自我介紹絕對是必要的過程，也是口試當中最值得的投資。只是看遍了各家門派的說法，對於自我介紹的準備方法都只是淺淺帶過，當初我看完之後卻還是一片霧煞煞，究竟，該怎麼去呈現自我介紹？我想，與其說是「呈現」自我介紹，我更想跟大家說的是，你該如何「準備」自我介紹。

先別管評審要什麼了，你真的有認識過你自己嗎？

「我來自OOO，家中有一位爸爸一位媽媽，家裡有三個小孩，我是中間的那位，從小我的父親管教就比較嚴格……，我高中的時候曾經擔任過……，大學時代也常參加各種社團……我的興趣是拼布、插花、游泳，我很喜歡小孩，所以我選擇幼教系」。

多數人在自介的時候，總是會陳述自己的「背景資料」，像是：居住地、家中成員、個人興趣等等。這些不能算是廢話，只是他人其實「無法」從你的背景資料裡面，來認定你是不是學校所需要的人才。

不同於外面公司行號的面試，教甄的基本資格其實在報名的時候就已經審查過了。因此，既然是面對面的口試，評審想聽的，就不會是你紙本可以呈現的東西，不然看紙本履歷就好了，特別

把你叫來這邊念履歷做什麼呢？

　　然而，在要跟別人介紹自己之前，我想問問各位：「我們真的認識了自己嗎？」你認識的自己，應該不只是「某某科系畢業、會做某些事情、哪個區域的人吧？」。我換個問法：「在教育這條路上，關於你的故事是什麼？」我想知道的，是一位教育工作者在這條路上的故事，透過這個故事來確認，你是否是學校需要的人才？。

　　是以，要說自己故事給別人聽之前，先說給自己聽吧！我推薦使用輔導諮商中常用的生命故事的波浪線：先畫出一條橫向的波浪線，試著回想在自己的教育路上，曾經遭遇過重要的事件。那些事件是生命的高峰？為何是高峰？那些事件是你生命的低谷？為何是低谷？在進行個人生命故事線的探究時，要盡可能的越詳細越好，自我探究確實是認識自己的一個最重要的方法，努力的挖掘出自己心中那微小的想法，你可以逐漸解構自己身為教師的信念。透過探究自己教育職涯的重要歷程，你會發現越來越了解自己究竟是一位怎樣的老師。

你希望外界如何定義你自己

　　認識自己之後，想想你希望外界如何定義自己？教職路途當中有很多重要的事件，你或許會想跟別人分享很多事情，但莫忘了，這是在甄選，所以不是一個講自傳的地方，當你從自己的過去挖掘出了很多的故事，下一步，你要後設地去篩選：「你希望外界怎麼認識自己？」然後留下那些經歷與事件。試著去描述這些

事件帶給你的深遠影響，不管是高峰或低谷的事件。這些事件如何改變了你？那些事情奠定了你在這個位置上的堅持？那些事件造就了你在這個位置上的信念？

　　比起「你是誰」，你曾經歷的事情與真實的感受，才能讓聽者在當下產生畫面，這個畫面正是聽者心中所「定義的你」。你說出的經歷，要能反映出心中的那位好老師。教甄無非希望透過甄選來為學生尋覓一位好的老師，我深信各位考生在自己的心中必然有著所謂好老師的標準，當你萃取出重要的經歷與事件以後，你應該試著和自己心目中那位好老師的標準相互比對一下。你在這些經歷當中，所學得的信念與想法，是否逐漸趨向自己心中的那位好老師的標準呢？（如果沒有，那，你可能再想想自己適不適合當老師）。

　　其實這只是一段自我內省的過程，這些問題，我很常問自己，因為我擔心最終自己成為當時我最討厭的那種老師。我甚至覺得，如果一位老師沒有這點自覺，那根本就不該在這個行業裏面。至於你心中那位好老師的條件，我想只有你自己知道囉！最後，用你的教育哲學信念，許自己一個真實盼望的未來多數的自我介紹在最後都會用一句名言來做總結，這是最典型的方法。

不要讓自我介紹淪為一種口號

　　如果你沒有經過前述自我探究的歷程，抽取出教育職涯過程的重要事件，這些理念信念也不過只是一種口號——人人會講。深入的自省、了解自己，其實就是一種自我解構再重新建構的過

程，當我們對自己有了充分的了解之後，才能清楚明白自己來參加這個甄試的重要意義。在教育職場上的一言一行，最終是反映自己的哲學信念，自我介紹所勾勒出的所有意象，無不圍繞著這個信念而轉。對聽者來說，能從具體的事件當中感受到考生抱持的教育信念，那就能留下具體而深刻的印象，而非只是虛無飄渺的一面之緣。

　　我或許距離心中那位好老師還有點遠，但我願意一步一步用自己的信念，來追尋心中那位好老師。我覺得自我介紹的準備真的很難表達，但我盡可能將之描述清楚具體，讓各位稍微有跡可循。其實在經過上面這個過程之後，後面有很多口試的題目都可以從自我介紹當中反覆呼應，因此，口試的準備，我真心推薦要從自我介紹開始準備起！

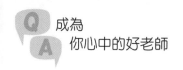

教甄口試技巧實作一：
自我介紹與應答技巧類型

　　提到口試，我們教育體系的考生都帶有幾分恐懼，相較於商科的學生，我們較少受到如何「向他人傳遞自身的專業價值」的技術訓練（也就是自我行銷），其實認真思考，我們也不算是沒有這方面的訓練，只是我們老師在傳遞的，是要給學生重要的技能與知識內涵，所以換個角度來想，其實口試，也就不過是在教導評審某些課程內容，只是這個課程的內容就是「你自己」而已。

　　許多人會覺得口試是種藝術，很講究天分，有些人天生口條不好，大概就會很吃虧。可是在我看來，我覺得考生抱持這樣的觀念未免太過消極，我真心以為，**口試不是一門藝術，而是一門技術**，既然是技術，那任何人只要透過有系統的引導與練習後，就可以學會這門技術。

　　然，想當然爾，所有的技術發展到最後，終會成為一門藝術。因此，不要認為自己真的無法達到口試藝術的境界，所有的學習也都是從模仿開始，學會了技術，你離藝術也不遠囉！

重要觀念

　　教甄口試，可以分兩個層面討論，一個叫做應答技巧（刀），另一個是專業內涵（肉），務必做到肉厚刀利，才能給人留下足夠

的印象。一般來說，應答技巧可以臨陣磨槍，而專業內涵需要透過實務的磨練來提升。專業內涵只能靠時間慢慢磨，但應答技巧則可以透過短時間密集的訓練來提升，空有內涵沒有技巧，會讓人覺得拖泥帶水；空有技巧沒有內涵，會讓人覺得花拳繡腿。技巧可以臨陣磨槍，但內涵卻需要長期修練，除了在實務上踏實的耕耘，同時也必須時時訓練自己的口條與思考能力，才能造就在口試時候無往不利的氣勢。

運用應答技巧跟自己的專業內涵，可以配搭出很多種變化風格，但需要注意的是，**就算你說的條理清楚內容豐富，最終還是要取決於評審喜不喜歡你的表現與回應內容，這部分就只能說是「講緣分滴～」。本訓練只是降低自己「因為口語表達不清造成應答形式上影響考試表現」的風險而已，強化自己在專業領域跟實務上的經驗才是根本之道。**

（一）自我介紹

自我介紹為基本功，主要通則為：「廢話少說」，所有陳述的內容必須與工作有正向的作用。可參考的結構為——

1.個人基本資料

與工作有關的背景資料，必須要能帶出個人特色。通常會是工作資歷、相關證照或家庭中有人是相關教育工作者。

2.生命或工作經驗中的重要事件

首先，陳述某些事件來凸顯自己在這個工作上的重要特質，再次談論在生命或工作中重大的事件，要仔細說明這個事件帶給自己怎樣的改變，鋪陳的感受要讓人感受到「原本自己的觀念是什麼？後來因為這事件導致怎樣的改變？」。這個改變必須要能讓人感受是有助於對這份工作的正向幫助。

3.對工作的重要信念/願景

試著從個人的經驗當中推導出自己在教職上的重要信念與願景，在這個部分，要回扣到自己過去所做的事蹟或教學上的作法，將抽象的理念與具體的事件作交互支持與佐證，才不會讓聽者覺得空洞。

自我介紹為口試的必備題，務必要讓自我介紹簡潔有意義，其中，如果能有意識地埋下伏筆，讓口委對你進行追問，就可以贏得先機。例如：在談到自己特殊的經歷，略為提出一小點收穫，讓評審對此有興趣，後續就會針對這個議題進行追問。

另外，多人數都會以正面、積極的特質來呈現自己，但有些時候，偶爾利用一些負面的特質來破題，其實是個不錯的包裝方式。例如：談到自己的學習特性，你可以說：「其實我覺得我很懶惰，大概是因為這樣，所以我會找尋最有效率的方法來解決問題」，然後再補充具體的例子，也能讓人留下深刻的印象。**簡言之，自我介紹是口試當中最基本的東西，如果沒有辦法表現得宜，後續很難拿下高分。**

（二）應答技巧

評審提問之後，自己必須要在幾秒鐘之內決定回答的結構，雖然有一定的結構可循，但因為不是只有一個人口試，所以必須要考量問題的特性、整體的氛圍和自己前段/當下的表現來決定所採取的結構。一般來說，我將口試回答的方法，分成幾種結構：

1.直答式

直接針對問題的內容回答，但只說明答案，不做多述。

問：你幾歲？
答：18歲。

2.演繹式

利用直觀的經驗或定理，逐漸推演出問題的答案，是一種封閉性的回答。

問：你幾歲？
答：今年是2018年，我是在2000出生的，2018-2000=18，所以我目前18歲。

3.歸納式

羅列出幾個與問題相關的特性或關係，並把這些內涵歸結到特定的類別，導出答案，偏向開放性的回答。

問：你幾歲？
答：最近我開始有很多自己的意見，對成人世界有許多看法，也有點叛逆。綜合以上這些特質，我比較像是正處於轉大人的18

歲（實際上是28歲）。（歸納方式，前提為真但不保證結論為真）

4.範疇式

預先以條列式設定回應的範疇，在範疇內針對問題的特性回應，此回應方法可以再細分為兩種，一是「先說範疇再談細節」，二是「先說細節再小結範疇」。

問：你幾歲？

答：這問題可以分三個層面來談。首先在生理方面，我確確實實是18歲；第二在職場方面，因為我長期跟幼兒相處，喜歡他們的天真，所以我在上班的時候會讓自己回歸到6歲的單純；最後在自我成長方面，我喜歡閱讀與作者對話，也嚮往成年後的生活，所以閱讀時候我感覺自己是成熟的28歲。（先說範疇再談細節）

答：我目前是18歲，但只這是我的生理年齡；另外，我長期跟幼兒相處，喜歡他們的天真，所以我在上班的時候會讓自己回歸到6歲的單純，這是我的職場年齡。我自己閱讀的時候喜歡跟作者對話，也會嚮往成年的生活，讓我自己覺得是28歲的大人，這是我自我成長時的年齡。（先說細節再小結範疇）

5.虛張聲勢

不直接回答問題的內容，而是從問題當中拉出一小段有關係議題，藉此發揮，同時切入自己獨特的觀點來回應，讓聽者不是聽到問題的答案而是另一種觀點或想法。

問：你幾歲？

答：這是一個好問題，其實關於年齡我有很多的想法，我並不認為它是判斷一個人的重要因素，在觀察一個人的時候，我最

主要是看他的言行是否一致，行事是否負責，因為這兩點是身為老師重要的特質，所以年齡自然就不會是我在乎的。

　　口試的基本技巧其實不止這五種，但以這五種來交錯使用，應足夠應付10-15分鐘的口試了。五種回答的方式，搭配口試的問題可以變化出很多種應答的方式，至於具體該如何使用，我在下一篇當中會再詳細跟大家分享！有興趣的考生，或許可以先嘗試看看把同一個題目用這五種方式來回應！

教甄口試技巧實作二：
口試技巧的使用要點

　　上一篇跟大家分享到關於口試的基本的五個組型，而這篇要談的，則是這些技巧的使用方法。口試的基本技巧其實不止我提到的五種，但以這五種來交錯使用，應足夠應付10-15分鐘的口試了。

技巧的使用要點

　　應答技巧使用的注意事項，基本只需要注意以下三點：

1.先聽出評審真正在問的是什麼

　　口試跟筆試不同，有當下的情境、表情動作還有前後脈絡，**同一個問題背後真正想理解的，不見得是字面上的意思**。例如：評審問你幾歲，而這個問題的前面是問教保人員之間的合作，這表示評審很可能想知道的內容是：年輕的你有沒有能力跟資深的人合作。

　　又或者，當評審問，你還有其他專長嗎？並不代表只想知道你其他的專長，而是還想了解你如何把這些專長用在教學上，如果很單純的只說出自己其他專長，沒有進一步切題回應，就失去了先機。

先把問題聽清楚，才可能回答出評審真正想聽的答案。在這邊要特別注意的一點是，很多考生會因為緊張，在聽到問題的時候不假思索把自己知道的一股腦全部說出來，但講到一半的時候發現自己不知道在講什麼，這是很常見，但也應該要避免的，因為這等於是在浪費口試的時間。

首先，聽到問題請冷靜想想問題的本意，有幾點可以幫助自己。一，先感謝評審的這個問題，然後可以說容我思考一下下，停頓3-5秒，再接著回答。二，如果真的不是很懂問題，可以適度確認評審的意思，「請問剛剛這個問題要問的是……嗎？」通常評審會回應你的，收到評審真實的意思後，就可以安心應答了。

2.理解每一種技巧適合的問題

當知道問題真正的意思後，下一步在腦中要思考的，就是根據問題的特性還有可能的答案，來決定要用怎樣的方式回應（通常聽到後馬上就會知道可能要說什麼了，如果不行，就表示自己下得功夫不夠）。雖非絕對，但是五種技巧適合的問題大概可以這樣區分：

▲**直答式**：純粹記憶式的問題。（你知道腸病毒**通報的流程**嗎？）

▲**推理式**：有單一或少量的正確答案，但需要搭配一點實務做法的問題。（如何**在班親會**讓家長知道你的教學理念？）

▲**歸納式**：有多數的做法，但沒有哪一種是絕對正確的問題，需要多種實務經驗交錯的問題。（你**如何**向家長宣導你的教育理念？）

▲**範疇式**：完全要靠實務經驗、想法交錯呼應的問題，或是在學理上很典型能套用不同理論的問題。（當家長對你的教育理念**有衝突時**，你怎麼處理）

▲**虛張聲勢**：遇見自己無法回應的問題時，可以使用這招，但不能用太多，用多會自斃。（你有聽過**腦公**和**義大利名師**sitdownplease嗎？）

3.適當分配每種回答方式的分配比例

很多人都會說條列式的回答很清楚，可是請思考一下，評審一天要聽十幾個人，每個人都條列式，那百分百是很無聊，也很容易被失焦。所以，我建議，考生要依照當下的氣氛跟自己的表現來決定要用怎樣的組合方式。但基本上，你無法當場才思考那個氣氛用什麼方式，必須要在口試以前就要練習到可以讓身體自然反應！不然，只會出現一種「**怕自己講不清楚，所以不斷解釋前面講過的東西，又擔心解釋不清楚，再用解釋來解釋前面的解釋……是一種鬼打牆的死亡輪迴……**」

理想上，前面開頭的提問就直接回答，後面會越問越深入，就需要使用比較精闢的技巧來回應才可以加深印象。但是，過多的論述也會讓人喘不過氣來，因此後段也需要呈現簡潔有力但是意猶未盡的感受，甚至稍有保留，能吊取評審的胃口。

五種方式各有它的正面效果。

▲直答式簡單乾脆容易收尾；

▲推理跟歸納能展現出個人的清楚邏輯；

▲範疇式能讓你的專業產生亮點；

▲虛張聲勢則走險路讓人耳目一新。

但反過來說，反覆使用單一種方法就會有負面效果。

▲直答式給人乏味無趣；

▲推理歸納給人搔不到癢處；

▲範疇式則是過於冗長讓人沉悶，

▲虛張聲勢會被看破草包一個。

　　基本上這五種沒有必然適合那些問題，根據我自己的經驗，如果你真的在專業上有很多的想法跟感受，也曾經用心思考過這些問題，並學習讓自己的思緒表達清楚，當下你聽到問題後，心中有很多真誠的感覺，會很自然坦率地表現出來，根本不用思考用哪種應答方式，說出來的答案，就一定能感動在場的評審，我認為那就是口試的最高表現了！

　　當然，這些所謂的口條技巧，只是對你本身稍加修飾而已，基本上自己的專業內涵要足夠口條才有加分的效果，後面我會再跟大家分享，怎樣在實務工作當中，充實自己的專業內涵。

教甄口試技巧實作三：
口試問題型態深入解析

　　口試題目的分析整理，最常用的就是依照問題內涵做個整理，像是個人教育信念、課程與教學、班級經營、教育行政、同儕關係、親師溝通……等等的。這種分類算是非常清楚，基本上你大概參考教檢的內容就可以知道口試範圍有哪些。

　　不過，倘若你希望磨練自己的口試技巧，我建議要再更後設地去將問題做區分，才有助於你臨場的思維和口條。

　　我試著打破傳統以問題內涵做區分的整理方式，嘗試從題目的「意圖」上來做個區分。用意圖來區分的話，所有的口試題目約略可以分為三種類型：基本配備型、投石問路型、價值衝突型。

　　以下我針對這三個類型的問題意圖來做說明。

基本配備型

　　從評審的立場來思考，這種題目在看的，是考生有沒有「教育現場最基本的常識」，通常明顯有「標準答案」的題目，大致上可以屬於這個類別，像是：「當班上出現了腸病毒時，你會怎麼處理？」、「當你發現小孩身上有嚴重的傷痕時，你該怎麼辦？」、「如果班上有孩子的發展篩檢沒有通過，你會做什麼？」（以上問題的標準流程應該不用我說明了吧！不知道的人要自己去查查囉！）

　這些問題大致上有一個標準流程可以回應，幾乎所有的考生都會（也應該）回答一樣的內容，因此，如果面對這類型的問題你卻一點沒有辦法回應，代表基本功下得不夠，只好下回再來。

　可是，口試畢竟不是那麼簡單的事情，評審怎麼會真的只是去問一個他可能比你還要清楚的問題，然後讓所有考生用標準答案回應就好？那幹嘛口試，寫簡答題就可以了啊？

　是的，雖稱為基本配備型，但你可不要真的就傻傻的基本回答啊！在回應了這個答案的標準之後，你還應該要鋪陳的是：「**在這基本的流程之上，你還能做些什麼，是跟你自身本職有直接相關，且具有教育意義的事情？**」再說一次：「**在這基本的流程之上，你還能做些什麼，是跟你自身本職有直接相關，且具有教育意義的事情？**」

　舉例來說，腸病毒除了做通報與基本消毒之外，我們可不可能用這個機會，拉近健康教育的概念給孩子？可以怎麼做呢？此外，因為家長對於腸病毒的理解，其實在幼兒園當中也會造成恐慌，在這個現象之上，你能做些什麼事情？我就曾遇過，有家長在班上大喊：「老師，○○○腸病毒！妳不要讓我的孩子碰到他的東西！」。你覺得這家長這樣反應會帶給孩子怎樣的影響？身為老師的你會做些什麼呢？

　綜言之，要能回應好這類型的題目，**你需要的是理解基本的流程與內涵，並且搭配你在實務上的處理經驗，將這個經驗鋪陳出具有教育的意涵**，這樣聽的人才能看出你是一個真的有想法、有經驗的老師，也因為是個人經驗，理論上來講不會每個人都一

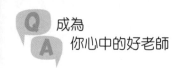
樣，由此才能分出個優劣。若只是背出標準答案，那就不需要口試了！

補充說明，口試當中還有很多問題你看到之後大概就會有基本的答案，這也表示其他人也都會有一樣的答案，類似像這些的題目也是屬於基本配備型。你一看就知道的，別人也是一看就知道，那你該思考的是，**如何把這個基本的題目融合實際經驗，說出別人可能沒有思考過的觀點**，就是關鍵！

用這個思維方式來挑戰下面的題目看看吧！

1. 孩子來告訴你昨天被大人打，並且有傷痕，你會怎麼處理？
2. 有孩子挑食，你會怎麼處理？
3. 班上幼兒連續好幾天沒有來上學該怎麼辦？
4. 你該如何把教保課綱融在課程當中？
5. 怎樣把文化節慶融入課程當中？

投石問路型

此一類型的題目，會給你一個很具體的情境，但這個情境可能是沒有特定的標準答案，評審希望探究的，是你背後的理念、想法或價值，然後看你該如何把這些理念、想法跟價值落實在現場。例如：「現在單親家庭很多，你該用哪種教學策略來應對？」基本上這個題目並沒有特定的流程，也就不會有標準答案。

要回應這個問題，首先你必須**「要能確認自己對這個議題的想法跟信念」**，你平時會注意到單親家庭的議題嗎？如果沒有，面

對這題你可能會空白。注意到了之後，你會特別處理嗎？要深入的思考是，在幼兒園的情境當中，單親家庭的幼兒會遇到什麼樣的問題？比方說：在特定節日的時候，這些孩子會不會覺得特別奇怪？又或者，在講故事的時候，許多故事都有爸爸媽媽，那這些孩子會有什麼反應呢？在你的理念當中，如果你思考過也覺得這個議題重要，自然就會去處理。

因此，這種類型題目的應答方式，大致會有以下的輪廓：**先敘明自己對這個議題的價值信念，然後談自己在實務上的經驗，最後說明自己為什麼會這樣處理。末尾，可以再補充令人印象深刻的個案。**

以單親這題來說，我個人大概可以用這樣的感覺來回應：

我自己其實有覺得帶班這幾年，單親家庭真的很多，我覺得這已經是一種社會常態，不能不去重視，身為老師我沒有辦法介入孩子父母的婚姻跟家庭，可是在教育信念上，我還是堅信親情倫理的重要價值【對單親議題的信念】。因此，當在面對各種節慶的時候，我會特別擴大節慶的意義，帶領孩子要感謝每一位照顧我們的人，不能只感謝特定的人。而表達感謝的方法有很多，我也盡可能讓孩子用自己最真誠的心意來做表示【實務上遇到的狀況處理方法】。

我這樣做的想法，就是希望把親情倫理的價值真正傳遞到每個孩子心中【為何這樣處理】。讓我印象最深刻的是，某一年我遇到有位孩子，在母親節的時候，她告訴我很希望媽媽可以回來，當時我每天會另外再抽出時間陪陪這個孩子…【一個特別的個案故事】

註：以上只是從教學的層面切入，其實單親議題還可以從輔導諮商或社福的角度來談～此小段只做架構的示範，非問題內容詳細陳述喔。

投石問路型的題目算是有點難度，因為問題的情境如果是你沒有思考或處理過的，大概就會語無倫次。但若你有過類似的真實經驗跟想法，只需要稍加整理，就可以回應的很好。

回到先前我提到的，廣泛的思考與閱讀，才能夠充實你的回答內容，我這邊提供的，只是一個比較能讓聽者理解的簡潔架構，畢竟這是一個沒有標準答案的題目，評審能否認同你的理念、想法落價值，這就是很講緣分的！

用這個思維方式來挑戰下面的題目看看吧！

1.家長對你的教學有所質疑，你會怎麼處理？
2.如果你是園主任，要怎麼發展出園所特色？
3.你的搭班堅持要教注音符號，但你和他意見不合，你會怎麼做？
4.班上有會發展遲緩的孩子，可是家長拒絕承認，你會怎麼溝通？
5.若你的班上有很多低社經地位的幼兒，你如何安排課程？

價值衝突型

這類型的題目，通常會先給答題者扣上某一種特定的價值觀，讓答題者陷入某種框架而無法跳脫。除非答題的人可以在當

下意識到這個框加，才有辦法從這類型的題目當中跳脫出來回應。但光只是跳脫題目的框架，也很難回答的完善，因為題目本身的框架，在乍看之下會與你個人的價值有所衝突，**因此跳脫出了題目的框架後，你還要將自己的價值與題目交互調和，讓答案是保持一種中性的狀態而不過度偏頗，也就是一種正反合的步調。**也唯有這樣的架構，才有可能化險為夷。

此款題目已經能先預設了回答者心中的價值，於是故意去挑起這類價值的衝突來讓回答者難以突破，我稱為是屬於「高度心智功能」的題目，此類型的題目非常不容易回答，通常一不小心就會踩到地雷自爆。

哪些題目可以算是價值衝突呢？例如：「你考上之後會不會介聘？」以這個題目來說，有兩個價值的衝突，也就是「考上」跟「介聘」，怎麼說呢？且讓我來慢慢分析。

一般而言，介聘到自己家附近不是什麼壞事，很正常也很合普世價值，但連接上「考上教職」這件事情，就會讓考生感覺：

「對方是不是要測試我對於工作場所的忠誠度？如果我答了不會介聘，可是這點違反了人性的價值就太假；但如果我答說會介聘，那好像就表示我根本對整個工作區域的教職不是真心誠意，只把這邊的學生當跳板有教育倫理……」於是乎考生就會陷入一種價值上的衝突，說「會」也不是，說「不會」也不是，可謂是相當虐心啊！

　　那究竟該如何處理這類型的題目呢？如先前所述，**因為是價值的衝突，答題的人勢必先要知道兩種價值的重要性，回應的時候也同時必須要肯定這兩種價值，但需要有一種中和的方法。**

　　我大概會這樣回答：「我認為對於教學區域的承諾就相當重要，特別是在偏鄉需要穩定的師資，因此我覺得本來就不該隨意調動【對教學承諾價值的肯定】。但是，確實有一些狀況會讓我必須要搬到離家比較近的地方，像是父母年事大需要子女照顧、未來有了家庭孩子需要照顧……等，這些原因也都是目前法令保障老師的介聘權益，我覺得這個法令的用意，正是考量我們自己身為師長，在人倫與家庭方面本來就該要有的表率【對介聘價值的肯定】，如果老師自己都不重視家庭與父母，根本就沒有身教可言，對孩子來說，也不是好的示範。因此，除了法令保障的介聘狀況之外，我個人是絕對不會介聘的【一種協調兩種衝突的方法】。」

　　看起來是不是每字每句都要很小心斟酌？但這樣回應之後，我們確實肯定了教育承諾與介聘的兩種價值，同時也讓這種衝突有化解的方法，既說會也說不會。

　　考試的當下會相當緊張，因此價值衝突型的題目，往往會讓考生措手不及，無法立刻去思考題目背後扣上的價值觀有什麼，導致自己陷入天人交戰的心境，最後只好胡亂回答。要能夠熟練地處理這些題目，其實考生在平常就需要訓練自己的思維能力，**教育現場其實也是這樣，沒有簡單的是非題，只有選擇題與申論題，試著多觀察學校與教育的各種矛盾地方，然後深入思考，才能讓自己在這類型的題目當中獲得佳績。**

用這個思維方式來挑戰下面的題目看看吧！（記得先分析題目衝突的價值是什麼！）

1.你身為男/女老師，你會幫女/男學生換尿布嗎？
2.你是北部人，為什麼來考東部的學校？
3.你應該是個教學用心的老師吧，那你贊成在教室內裝設監視器嗎？
4.你已經是教保員，為什麼要來考教師？
5.請問考上教師後，剛報到的學校就要你接主任，你會接嗎？

隱藏版──亂槍掃射型

分享完以上三種問題，其實最後我還是有隱藏版要提供給大家，這隱藏版不是每個人都會遇到，但廣大的教甄現場，真遇到的人也還是不少，我稱這題型換作**亂槍掃射型**。嚴格說來這不是一種題型，比較像是一種狀況。

我自己身邊有幾位學生跟朋友（包含我自己），在好幾場的教甄口試當中，曾遇到某一種評審，會特別針對考生的回應追著打，而且是連續性，不管你說什麼，評審就是要抓你語病，或者直接批判你說：「這樣不可以」、「很糟糕」、「我覺得這樣的想法不對」。

通常遇到這種狀況的考生，要嘛是心臟已經去了一半，不然就是肝火暴怒，走出試場外的時候，立刻就感受到喉嚨一甜，瞬間嘔出一大口鮮血。

遇到這樣的狀況，多數考生心情會非常難過，而且萬般想不透，自己跟評審可能素未蒙面，也不知是哪一世結下的深仇大恨，如今要在這考場上來讓自己千刀萬剮？雖然機會很少，但真要遇上一次，恐怕自己連考下一場的勇氣都給拿走了。

老實說，真要問個明白為什麼會有這種評審，理由只有天曉得，也許是那天評審心情差或你真的跟他八字不對盤，真遇上也實在無解，但其實一般外面公司職場的面試，有這種習慣的主管其實也還不少。

我無法保證說如果你遇上了，是不是真的就不會考上，因為也是有評審會故意開槍，要看你的反應。但不論如何，面對這樣最糟糕的狀況，在口試的時候，還是有幾招可以封住自己的心脈穴道，暫時止住出血的傷口，讓這傷還不會繼續擴大。

通常亂槍掃射的狀態，有兩種亞型。第一個是不停打斷，第二個是直接批評。

案例一：不停打斷你

某學前特教口試現場……

評：妳可以說說妳的學經歷怎麼運用在現場？
考：我覺得自己從特殊教育學系畢業，對於在特教專業方面頗有信心……
評：（直接打斷）啥？你特教系畢業，那你不懂幼教嘛！我們想要的是能懂特教跟幼教的人才啊！
考：啊……關於幼教方面，我自己在實習的時候有花很多時間在接觸這塊，也就是說，這兩方面的經驗我都有……

評：（再打斷）等一下，我問的是你的學經歷可以怎麼用在現場，你跟我講實習的事情幹嘛？我又不是要選優良實習生（還攤手）

考：……

一般被打斷兩次大概就開始會沒有信心回答了，在這種狀況底下，考生可以使用「**暫停回答法**」：**不要馬上回答口試問題，請先跟評審確認好他的用意之後再回答。**

說實話，我們明白教學的時候，提問技巧很重要，「怎麼問」在某種程度上來說，會直接影響對方怎麼回答。所以，有時候評審自己問出來的題目，也不見得就有那種「可以讓你回答到他想聽的內容」的效果，畢竟不是每個評審都會專業的提問技巧。因此，在被連續打斷的時候，考生可以稍緩回答，先確認一下評審真正的原意。

剛剛那個例子當中，後續可以這樣應答：

評：（再打斷）等一下，我問的是你的學經歷可以怎麼用在現場，你跟我講實習的事情幹嘛？我又不是要選優良實習生（還攤手）

考：恩，請問評審想問的是我學歷背景在現場的運用，還是我自己在教育領域方面相關的證書在現場的運用呢？【先試著切出兩種可能的題意去做猜測，但不一定會正確】

通常這樣問之後，大概會有兩種狀況，一是評審很具體跟你說要哪個種；二是會說都可以、隨便。如果是你提出的其中一種，那就很好回應，但如果是第二種，我建議考生兩種都談一點是比

較妥切的。當然，也有可能你提的兩種都不是，這時候評審會試著再說出自己真正想問的，此刻談話的主導權會回到他身邊，就能夠讓場面暫時緩解肅殺的氣氛。這個做法的最大用意，是在讓自己不要誤入了被連環掃射的窘境中！

另外，就算一直被打斷也不代表真的是壞事。除了真的聽不下去故意找麻煩的那種意圖之外，有時候評審是因為口試時間有限，他們想要聽到重點，而你的回答可能離題了，所以趕緊切斷你，希望你能趕快回到主題上，才不會失焦，這時候考生就要有自覺，及時去修正自己的論述內容，才不會浪費了這個被拯救的機會。

在你用了幾次暫停回答法之後，評審如果沒有繼續打斷你，那表示你已經講到他要聽的了，但若還是一直追著你打，我建議還是多用幾次暫停回答法，你緩他也會緩，這樣就能讓口試的節奏變慢不至於會自亂陣腳。

因為真的遇到了因私害公的評審，終究也只能說運氣不好，就像我前述講的，其實教甄本來就不會是一種很公平的的制度，但若自己是為了要有機會能進到公立學校服務，這點難關還是要熬過的，**相信賞識你的評審就會在下一場！**

案例二：直接批評你

某學前特教口試現場……

評：妳剛剛有提到提示系統，請你舉一個午餐時間怎麼運用提示系統實際應用？

考：因為特殊孩子的手指協調不好，且力氣較弱，要穩定的使用前三指握住湯匙有一定的困難，因此我會用一小段膠帶，黏住他的小拇指與無名指，讓他可以更順利的使用前三指⋯⋯（註：這個策略其實在我們訓練特殊孩子的時候很常用，孩子因為無法靈活控制五指，稍加固定後兩指會讓他能更準確練習用前三指抓握，概念如同學習筷把手指固定在準確的地方是一樣的意思）

評：你這樣用膠帶很不好，我覺得很糟糕！

通常考生被批評之後就會顯得慌張，擔心自己接下來的回答都是錯誤的。其實教學上的策略與方法本來就很難直接論斷對與錯，如果評審直接批評你的做法，我建議使用「**弦外之音法**」

也就是說，**你當下要能馬上確認評審在意的點是什麼，然後直接提出來詢問，或者更高明的是說出評審在意的點，還有你會怎麼處理。**

以案例來說，這評審在意的應該是黏貼孩子的手，會有不佳的約束觀感，若你當下能聽出這一點，自然就可以回應。你可以先確認評審的意思：

考：評審是擔心這樣家長會覺得我們約束或體罰小孩嗎？

如他說是，你就可以就接著說自己的經驗：

考：其實我在做這種策略的時候，我第一個會先跟治療師討論此做法有沒有臨床上的效果，再來就是會確認家長認為這樣是不是合宜，如果他們覺得很不好，我自然是不會使用的⋯⋯

　　臨場上要有這樣的功力，其實是自己在教學現場當中，就要很習慣用各種不同的角度來看待一件事情，才有可能在當下回應出另一種完善的作法。

　　口試當中遭受到批評固然會讓人覺得心灰意冷，可是這也是人生求職當中最容易遇到的正常事，教師甄試是一連串的歷程，沉溺於過去的失敗情緒，絕對無助於自己勇往直前，遇到了這類型的評審，也就摸摸鼻子，找三五好友先罵個幹話，讓自己宣洩一番之後，還是要努力振作！關於亂槍掃射的情境，我僅以這兩種應對方式跟大家分享，如果真的運氣不好遇到了，至少也不要讓自己太過慌張，以至於影響到接下來的考試喔！

教甄口試技巧實作四：
如何提升個人專業內涵

所謂的口條技巧只是外顯的加分，如果你沒有實質的內涵，很容易就會被看破（除非你是專業演員）。當然也不是每個通過教甄的老師到了現場都很厲害，有一大票都是讓我有：「這種人也可以當老師」的真實感受，業界的人一定秒懂我的意思。

所以，**我這邊談的，「其實不是為了教師甄試，只要身為教師的一天，學習永遠是必須的，如果你不想學習，請不要來誤人子弟是真的。」**

言歸正傳，在教學現場因為有各種的雜事與鳥事，會阻礙你專注於教學，但教學是我們的本業，不管事情再多、再忙；搭班再廢、再爛，我絕對不會讓自己有任何藉口停滯於前。因為只有不停地學習，我們才能對得起自己、學生和這份薪水。

如何提升自己的專業內涵

1.提升你的視野廣度：廣泛閱讀是首要條件

教師甄試要念的書很多，不過絕大部分都是理論的書籍，這當中很多都是考用書。廣泛閱讀，所指的不是只念考試要考的書，**而是要瀏覽各領域的書籍，各家理論的入門書、各種實務工作的**

教育現場筆記、親子教養書籍、科普叢書、各大思想家的經典乃至休閒的書籍，廣泛涉略是非常必要的。

我明白要考試這件事情會讓很多考生自覺沒有時間念很多書，撇開教甄不談，我必須說句內心的實在話：**無法廣泛閱讀的人，根本沒有資格稱為真正的老師。**

從基本面來說，教師的實務工作會因著每年學生的狀況而改變，我希望各位仔細想想自己在實習時候的理念與熱忱，我們一定不希望自己成為實習那些很亂七八糟的人，然而，學校是一個極其封閉的空間，如果老師沒有辦法主動拓展自己的視野、專業能力，很容易就只是每年都在重複一樣的事情，**十年之後，不會是一個有十年經驗的老師，而會成為一個經驗用了十年的人**，這是一個我覺得教育現場最糟糕的現象，很多現場老師通過教甄之後就變成一灘死水，因為公務員體制的關係，只要不觸犯相關重大法令，就算你擺再爛都沒人拿你有辦法，這些老師就這樣不斷在現場浪費學生的求學生涯，然後屁股待著每個月爽領錢。

如果你自詡不想成為這樣的人，**廣泛閱讀就是必要的，每年都要吸取最新的教學方法，不斷嘗試課程的精進與改革，因為世代有世代的價值與潮流，一種教學方法不可能滿足所有的學生。**

再從口試的實際面來說，口試要看的是一個老師的專業深度與廣度。試想，口試的題目就那些，如果你只是追求每一種題目的「標準答案」，那根本就不可能被錄取，因為標準答案人人都會背，要提升自己的廣度，就是不能只有專精自己的領域。

　　我喜歡看書，不只看自己工作上的書籍，也看很多其他學門的書籍（親子、商業、一般教育、園藝、企劃、勵志、文學、哲學……等），**不要覺得那些跟自己的工作和生活沒有關係，知識是一脈傳承的，當我們在講統整學習的時候，強調的就是不分科的精神，這樣的精神更要用在自己的身上**，我時常會因為看了其他學門的書，在我工作上遇到瓶頸時，可以有更多嘗試的方法與思考的角度，讓我更能夠有別於其他同儕，有更多別人做不到的事情或未曾思考過的方法來耕耘實務，而這些經驗都是在我口試的時候能一展長才的本錢。

　　我知道多數人還是會困擾，**所以如果你無法下定決心培養閱讀的習慣，我會勸你不要考了，因為連為了考試都無法下定決心閱讀的人，考上以後更會有千百種理由都不閱讀。**如果你有決心延展自己的廣度跟視野，我推薦你先看松本幸夫的『我在包裡放本書，能幹的人、聰明的人、有自信的人都怎麼看書？』，這本書裡面，會給你很多關於大量閱讀的概念跟方法，從這裡出發，讓自己成為一名表率的閱讀者，那將會增加你很多口試的本錢。

2.增加你的專業深度：思考習慣是不二法門

　　多數人遇到問題的時候喜歡問別人，因為這是最快速的方法，但只是這樣做會讓自己變得很依賴。我不是說問別人這個方法不好，重點在於在問別人之前你自己有沒有認真的思考過才發問，**其實只要認真留意，很多時候，提問的人「根本不知道自己的問題是什麼」，連自己的問題都不清楚，那你絕對得不到你要的答案。**更進一步說，一個連自己要問什麼都不知道的人，還能

期待他眞的可以回答出口試委員想要了解的問題嗎？我跟大家分享我自身的經驗。

我在研究所第一學期開學後，聽完了課程的簡介，才發現，原來，研究所和大學的課不一樣：研究所一門課最多只有十多個學生（除了研究法與統計之外），每次一定有閱讀進度，上課的時候必須進行討論。然而，這樣的課程進行模式對我並不陌生，因爲我所參與的實驗計畫，除了進行教育實務，也必須與理論對談，所以我和教授之間必須有很多的對話與討論。

在大學以前，我們都被教導「聽」與「背」是學習的不二法門，所以突然換到需要「說」與「思考」的情境，會令許多學生心生畏懼，擔心自己說錯、害怕自己的想法不好，同時也煩惱自己說太多，被誤以爲是愛出風頭。我也曾有這樣的擔心，所以過去的學習我總是隱藏在背後，甚少提出對知識的疑問，**但到了研究所的課，我被鼓勵要「說」，不只是說，還要說得清楚、說得明白，不清楚不明白的地方，就要去「思考」**。當我開始這樣做了之後，我才眞正體會到，桀傲不遜自以爲什麼都了解的我，其實根本什麼都不懂！**因爲我不明白自己追求的到底是什麼，我沒有辦法清楚告訴別人我所擁有的知識是什麼**，我甚至禁不起別人的質疑，當閱讀的知識越來越多，我就越來越清楚自己的「無知」。

「無知」是我在研究所第一年對自己的感受，可是卻也因爲這樣強烈的感受，讓我更想去「知道」些什麼，直到現在，我自己回顧的時候才發現，「想去知道」的情緒，是促使個體主動學習的關鍵，如何「想去知道」？首先要「知道自己不知道什麼」，那又如何知道自己不知道什麼呢？第一步是拓展對知識的「廣

度」，透過廣泛的閱讀，我們很容易就能知道自己不知道什麼，是故，孔子的話其實是很有道理的：「知之爲知之，不知爲不知，是知也」，研究所的第一個學期，讓我逐漸邁向「知」的領域。

研究所的課程著重於培養研究生思考的能力，所以每次在課堂上提問之後老師的回應一定是：「恩，很好的問題，那你覺得呢？」或者是：「那麼你的意思是，如果……就是……囉？」（將學生的答案推向極端，成爲問句反問學生自己），也因爲這樣，每一次閱讀之後，我都必須認眞的想想自己的問題，是否眞的沒有辦法藉由自己的思考來解決。除了獨立思考的能力之外，研究所也強調研究生的批判能力，因此閱讀完之後，老師都會詢問我們是否同意理論上的觀點，而我們答案則不能停留在同意或不同意，還必須能夠滿足「爲什麼」這個問句。結合以上兩點，剛開始的課堂，總是在「你覺得呢？」、「爲什麼？」這兩個問句當中來回與教授對談。

或許是因爲過去不習慣思考，我的印象中，第一學期的課程總讓我覺得很累，而且常常被自己的話捅回馬槍（自相矛盾），但思緒確實是越想越清晰，當我有了獨立思考的習慣以後，對於提問，我開始變得沉默了，不是因爲提不出問題而沉默，是因爲很多的問題都經由思考而解決，然後，取而代之的是自己的想法、觀點，當我開始累積了各種不同的想法與觀點，更進一步，我發現自己可以用不同的觀點來看待某一種論述或理論，並且從中找出值得省思、批判的地方，甚至提出屬於自己獨到的論點。**我或許可以這樣說，經過一年的研究所課程，從對各種課程的提問、思考、立論到批判與建構的過程，我覺得我正經歷了布魯姆的知識層級：記憶、理解、應用、分析、評鑑、創造的完整階段。**

　　因為同時有著在職的身分，我在課堂上的知識很幸運地有了可以發揮的場域，每次有新的觀點、理論，我就會試著運用在工作上，而實務的經驗，又讓我重新反思這些理論與觀點，至此，理論與實務之間就產生了對話：用理論引導實務、用實務修正理論，這樣的對話，是我認為身為一個教職人員所具備獨有的「專業能力」。

　　因為研究所的關係，我**開始懂得自己思考，所以有很多時候我遇見的問題都可以自己透過思考來解惑，只有當我自己真的完全無法解決的時候，我才會開口提問，到這個階段我也才能明白自己真正的問題是什麼？**（我要說，不是每個人念過研究所就會思考，很多唸完之後都還只是廢柴一個；同理，**想要學習思考不一定要讀研究所，重點在自己開放的心態。**）

　　因此，勇敢的跟自己對話，是提升自我專業深度最好的方法，在這個層面，我建議各位可以先看一些哲學的入門書籍，哲學家的思考方式，可以讓自己有更清楚的腦袋，我推薦朱立安・巴巴吉的哲學書，你只要先看個幾本，體會書本裡面不斷衝突的矛盾，就能慢慢培養自我思考的習慣，例如：《自願被吃的豬》、《你以為你以為的就是你以為的嗎？》。另外，再推薦思考邏輯的書：《金字塔原理——思考、寫作、解決問題的邏輯方法》。

3.結合深度與廣度：創造出自己獨特的實務經驗

　　一旦你養成了閱讀跟思考的習慣，接下來我就要告訴你，請你試著練習把自己平日的工作，去跟理論對話。也就是說要進一步檢視自己平時在教學的時候到底是用那些理論，自己真的有落實這些理論嗎？會不會其實根本沒有照著理論的步驟執行？又或

者你已經按照理論做了，但卻發現有些窒礙難行的地方？原因又是什麼？哪裡需要調整？你認為該調整的地方有嘗試了嗎？嘗試之後又如何呢？這些理論不足的地方，你有沒有其他可以思考的角度跟切入的方向？

如果你已經逐漸能夠讓自己在實務工作的時候，就開始回應上面這些問題，或更甚者，養成習慣，我敢擔保，你絕對可以成為一個令人印象深刻的考生。

口試要讓人留下印象深刻，應答技巧固然是重要，可是一個老師專業內涵的價值確是無可取代的，**如果你是評審，你會對那些能提出「自身經驗與理論相符、相悖的人」有特別的印象，更高的層次是，「能創造出屬於自己身為教師的獨特見解，這些見解，是揉合了自己的生長背景、生命歷程、閱讀廣度、專業深度和教職的實踐歷程，是一種無人能取代的寶貴經驗」，而這種經驗是唯一能讓評審感動的，一旦你能感動評審，我相信這就是最完美的口試表現了。**

學習要看很多書，但如果你只是不斷地看書，或總是只問別人，卻沒有沒有親自做過，那根本就沒有效果。耕耘現場的夥伴一定都知道，所謂的課程是「做出來的」，不會是你讀書讀出來的，只有實作，做到覺得自己很廢，廢到深處無怨尤，那些課程與教學理論才會進到你的心中。

學者戴爾曾提出學習金字塔的理論（不知道的人記得去馬上去查一下），其中以主動學習的效果最佳，亦即透過自己實際操作、模擬、討論，你才能獲得最多的學習效果，只是被動地聽人

說、讀別人的書，其效果是大打折扣。所以，**真要說提升自己的專業內涵到底關鍵在是什麼？不外乎老話一句：「做，就對了！」**

教甄口試技巧實作五：
如何自我進行口試訓練

　　到這裡為止，你應該已經知道應答上有很多的技巧可以展現，並且能明白，要在口試拿下高分，「說什麼」跟「怎麼說」幾乎是一樣重要，最後簡單為大家整理，如何在家中自己進行口試訓練。

一、自己錄音自己聽

　　掌握了應答的整體概念後，我都會自己錄音自己聽，剛開始聽會覺得自己很蠢，而且根本不知道在講什麼，所以會我反覆修正，一直到我覺得有符合以下三點才停止：「這個老師說得真好」、「完全能聽出在說什麼」、「講的有回答道題目要問的」，前幾次透過錄音來修正自己，後來你會越來越熟悉這樣的表達方法，就不再需要錄音，而是在心中自己盤算好。

二、練習一問多答

　　正因口試回答的方式跟整體脈絡、個人特質有關，所以要練習一問多答，也就是說，將同一個題目，練習使用上面提過的5種方法來回答，反覆練習後，你對該題目會非常的熟悉，在實戰時，

你可以馬上根據當下的情況，潛意識的提取出該使用哪種方式來應答，這一點非常重要。

三、正確掌握時間

　　如果用口試15分鐘來算，平均在過程當中會問到6-8題，扣除自我介紹，每一題的回答時間應該抓在1分半-2分鐘左右，超過2分鐘的回應其實有點長，長答3分鐘會讓人注意力渙散，這一點你在聽自己的回答時就可以明顯感受到。所以，除非是委員追問，否則平均一題的長度不應該超過3分鐘。因此，在練習的時候，務必要自己精準計算好每一題回答的時間長度，剛開始練習時需要計時，有些題目會太短，有些會太長，這時候就根據自己回答的時間，來決定該題目的回應要增還是減，或者是語氣再放慢/加快些。我的經驗是，只要經過多次練習，你會像教學演示一樣，可以用身體來記住時間

四、練習沒處理過的題目

　　當對自己準備的題目已經很熟習時，我建議你開始練習沒有遇過的題目，這個做法，最主要再讓自己可以熟悉應答的技術以及訓練反應的速度，因為口試的題目本來就沒有範圍可言，所以保持自己一貫的邏輯思考，可以讓自己在遇見沒聽過的題目時，冷靜許多，不至於打亂自己的節奏而影響表現。

到這裡，敝人已將教甄的所有口試經驗全部交代清楚了，後續我會再整理幾種口試上很難回應的題目做為討論以供參考。

最後，也有考生會好奇，我應該要找誰練習口試？我的建議是除了自己的好友之外，應該要包含兩種人，一種是已經考上的人，另一種是朋友的朋友。

已經考上的人不是說他真的可以給你很具體的建議，只是我遇過很多都只是一群考生相互練習，但是因為彼此的身分都是考生，就算相互提供意見，也會因為都不是考上的身分，最後誰都不會信服誰，反而悲劇收場。所以，找一位已經考上的人可以避免這樣的悲劇，至少對方是考上的人，可以提供一種身分上的停損點。

至於為什麼要找朋友的朋友，因為你的朋友太了解你，有些話語或情境你沒有交代，可是他很自然就會理解，但評審委員沒有這樣的背景經驗，平常用這種方式練習，反而會讓自己漏失掉很多關鍵細節。另一種情況是，好朋友會太包容你，可能不太想給你過於直接的建議，因而阻礙你的練習機會，讓自己看不到盲點。所以我建議要找一位跟你不太熟的朋友，在聽的時候缺少相關背景，給回饋的時候也不會因為情面而不敢開口。

教甄經典口試
題目回應指引

前言：本章節的使用方法

　　身為現場教師，精進自我專業才是根本之道，口試當然有些技巧可以訓練，但最終還是要回到自己的教學內涵。我寫下這些口試指引的目的，並不是要提供正確的答案，實際上口試也沒有什麼正確答案，我透過寫下我在回答這些問題的思想脈絡，讓不擅長口語表達的考生們，可以有個參考方向。

　　所以，拿到這些內容的你，**請千萬不要試著去背誦我寫下的內容**，因為那不是你真實的教學經驗，背下來一點好處也沒有。請務必先練習我教過的口試四式——直答式、演繹式、歸納式、範疇式，讓自己熟悉對一個題目有不同的切入面向，之後，**再請試著批判我對問題的想法，並勇敢提出比我更好或者是更不同的觀點**，這些批判與思考過的東西，才是真正屬於你的！因此，請抱持著「我想要超越作者的回答」的這種決心來閱讀這些回答指引，並把這種習慣，帶到你的工作職場，不論教甄有沒有考上，你都應該讓自己有批判思考的能力！加油！

Q1.請說服我，要錄取你的三個理由。

這題可能是想問：

➢ 你的不可取代性在哪裡？

➢ 你未來有多少的學習潛力？

➢ 你是否理解自己的優勢？

➢ 你對自己有多少信心？

一般人是這樣說：

　　這個題目看似非常困難，可是絕對是所有考題當中最可以提早準備的。這類型的題目，瞬間可以總結考生的經歷、能力與信念。

　　很多考生都會回答：「我是一個很愛孩子的人，而且我願意積極努力學習，我有很多的幼教經驗。」

　　但這樣回答，有說跟沒說是一樣的。所有來參加甄試的人，基本上都能輕易說出這三點，不論他有沒有真的具備。這種誰都可以簡單說出來的答案，會讓自己毫無特色可言。縱使你知道這些特質在現場很重要，但考試畢竟講究的是具體，過多理念性的東西難以讓人留下深刻的印象。

但你可以這樣說：

　　如果你有認真準備自我介紹的話，這個題目基本上就是自我介紹的簡化版，你從自我介紹裡面，應該就要能將伏筆埋下，讓評審可以在聽到這個答案的時候，跟你的自我介紹相互呼應。所以，回答這個問題的第一步，就是好好地準備自我介紹。然後將這題的回應，從自我介紹當中牽出線來。

> 「如同我剛剛在自我介紹裡面提到的，但我總結我個人的所有經驗與特質，我想這三個理由是我認為評審應該要錄取我的，首先……；其次……；最後……」

　　過度抽象的信念會無法留下印象，可如果最後你沒有用一個統整性的結尾，也會讓人覺得不夠完善。所以我建議考生，這三點你可以從三個面向切入，分別是經歷、能力與信念，把你這三個特點勾勒出來。

　　在經歷的部分，你應該選擇部分與幼教相關但卻能融入幼教的經歷來談，而最重要的是，你對這個經歷有深刻的感觸與想法可以侃侃而談。例如：你除了幼教教師證，還有小學教師證，這讓你在幼小轉銜上可以有不同的看見，這讓你此議題上有其不可取代性。要能侃侃而談的原因，是因為此題之後，評審可能會追問你這個經歷的各種細節，所以你需要做好準備。

> 「首先，我雖然是一名幼教老師，但我有小學教師證，這讓我在經營幼小轉銜方面是很重要的資源，因為我能夠理解小教與幼教的課程脈絡，為他們打造適性的銜接方案……」

在能力的部分，你應該選擇與教學、課程有直接關係的特質，如果有相關的得獎比賽與成果就更能輔助，但有沒有獎項我認為並不是關鍵，身為教師只要每年都有在教育現場耕耘，很自然每年都會產出一些跟實務有關係成果，這些成果就是你能力的證明。

許多考生會用樂觀、開朗、進取來形容自己的能力特質，但要知道教師甄選是在找工作，公司徵才是要找一個具有能力解決問題且有生產力的員工，而作為教師最重要的本業，當然是教學能力，所以我相當建議考生應該要強調自己的專業教學、評量與統整的能力，不是講一些無關緊要的才藝。光是這樣還是不夠的，甄選人才要看的還有一項是未來的潛力，你要對評審展現出，自己不僅是有這樣的能力，而且未來還會持續精進，是個績優股：

> 「第二，我具有良好的教學與評量技術，我每年都會親
> 自嘗試一種教學的方法，例如我今年嘗試了蒙式課程的
> 精神……除了自己嘗試，我更會將成果與同儕分享，從
> 他們的身上學習到更多不同的量能……」

最後在信念的部分，請避免天外飛來一筆的奇怪口號！你應該要能貫穿前面的經歷與特質，才可以給人一種「一以貫之」的「個人教育品牌感」。信念是每個人都很容易談的，可是如何不淪為空洞才是成功的關鍵，若你前兩項的經歷與能力都很具體，到這邊只要能統整概括，就不會顯得空洞了。另外，許多人也會用教育家的名言做總結，我個人不認為這是必要的，但適當地引述一些理論，讓你的信念有所依據，確實可以有加分的效果。

　　在最後這個階段，你的信念最好可以讓人「有一點傻眼卻忽然恍然大悟」的印象，也就是先提與一般教育觀點不同的想法，但後續卻能言之有物、自圓其說，這也是你個人的優勢：

> 「第三，我有著不同於他人的教育觀念。我認為幼小其實並不需要銜接，因為幼小的課程就如杜威所說，教育是一個連續不斷經驗改造的歷程，他們在學習的本質是相同的，只是形式不同，而我有信心，自己可以勝任這樣的角色。」

　　要對評審說明錄取自己的理由，其實也是考驗著口試過程自信心。很多考生都會覺得謙虛、學習才是給人好的印象，可是在口試競技場中，信心卻是影響他人印象的重要量能，考生應該要對自己的過去、現在、還有未來保有足夠的信心量能，畢竟，如果連你自己都沒有信心，是要別人怎麼相信你呢？如果這題的答案連自己都無法說服，也只能把機會讓給下一位了！

Q2.如果你的搭班不想跟你協同教學，你怎麼辦？

這題可能是想問：

- 你是否具有協同教學的經驗？
- 你是否具備有人際溝通與協調的技能？
- 你的教學信念強度？
- 能否懂得尋求行政的協助？

一般人是這樣說：

多數的考生面對這個題目，不外乎回答：「先理解搭班的想法，試著與他溝通，並尋求彼此可以接受的做法。」

這是相當標準的回應，但所有具備現場經驗的人都明白，如果事情可以這麼簡單就圓滿的話，這題就一點意義都沒有了。

評審提問這題，如果你用前述的答案回答，往往會獲得追問：如果對方不聽或不願意接受你的意見時該怎麼辦？這才最要回答的核心。在真實的合作情境，不想跟你協同教學的對象，不只是不協同，甚至可能是不教學，外加找你麻煩。該怎麼處理這種棘手的情境，才是本題回應的關鍵。與對方協調協求共好，只是溝

通最理想的一種結果，但這中間過程通常不會是相當平順，而是充滿荊棘與衝突。

但你可以這樣說：

協同教學有很多種形式，其根本在於人際溝通與協調的技能，我建議考生，一開始就應該要從自己的協同經驗來談起，甚至應該先直接用自己過去的一些協同經驗來破題。

「我以前在一些園所任教的時候，確實遇到一些不願意跟我協同教學的同事……」

從具體的經驗切入，接下來可以說明具體遇到的困難與衝突。

「原本一開始我們是兩個人把教學的時間進行平均分配，但是對方開始會跟我以秒計費，一直在計較彼此教學的時間，後來甚至……」

根據這個困難與衝突，你做了哪些事情，這可以反映你的人際溝通與協調能力。

「……我試著理解他的想法，並重新協調分配，我也試過調整課程模式……」

衝突的結局可能是好的，也可能是壞的。如果你的經驗是好的，除了完美落幕，更應該要提出你從這個事件當中，學到了哪些經驗可用於未來的職場。

「我們協調了彼此的工作內容，發現其實工作不是協同

的障礙，反而是對課程的信念不同，造成了我們的摩
擦……從這當中我才思考到，協同不是只有工作均分，
更應該先彼此釐清教學信念……」

　　如果是壞的，當時的你怎麼調整心態？或是現在的你回想起
來，你會如何做下一步呢？

「雖然我盡力協調彼此了，可是對方還是完全沒有想要
合作的意願，後來我們真的變成楚河漢界……」

　　許多考生會擔心把這種壞的結果說出來會不會是不好的印
象，顯得自己無法協同？但其實這本來就會是職場上常見的現
象，我認為如實的說出，才能顯得真誠，但如果你的經驗只到這
邊，也實在無法凸顯作為教師的協同能力。協同不是只有兩個人
的事情，懂得向外尋求資源更是一種有效的作為，所以你應該更
進一步去談，你該如何尋求外部資源？

「我後來跟園主任討論，希望能從行政端提供一些資源
給我們……」

　　或者，面對這無解的情況，你如何調整自己的心態？

「雖然對方沒有要協同的意願，但我還是會堅持至少要
維持正常的教育品質，至於在課程方面的討論，我就會
試著跟自己的幼教朋友或其他前輩一起討論思考……」

　　真實談論你面對這些狀況的經驗，會比你按照一般說法更能讓
人感受到你的韌性。當然，人際協調有很多種方法，我認為考生平
時就應該多方嘗試，才能從人際互動當中學到職場必備的技能喔。

「因爲我是菜鳥，所以我就會用比較想學習的心態去拜託他跟我說該怎麼做……」（虛心請教）

「那時候我發現了搭班超喜歡乃木坂46，我就找他一起去看演唱會！」（投其所好）

「原來搭班在園藝方面是綠手指，我就請他幫忙設計班級內可以養的植物……」（專才專用）

「我們隔壁班的白老師跟搭班是多年好友，後來我私下詢問白老師關於搭班對幼教的想法……」（結盟夥伴）

「我後來一直觀察搭班的做法，發現他在課程的信念上有跟我很不同的想法，於是我抱持著姑且一試的想法跟他一起嘗試，卻意外發現……」（換位思考）

不過，就我個人的看法，我其實最想挑戰的是考生在面對不願意落實幼教專業的教師時，有沒有捍衛幼教現場的決心，我一直希望有機會聽到有人回答：

「不跟我協同我覺得還好，我認爲自己可以處理好課程品質，但是如果對方拒絕維護幼兒的教育品質甚至可能影響幼兒學習，我會想盡辦法尋求行政程序，讓他離開幼教現場。因爲對我來說，幼兒教育是一個我希望守護的教育環境。」

Q3.家長對教學有質疑，你要怎麼跟他溝通？

這題可能想問的是：

➢ 你的教學有無設計基礎？
➢ 你可否與家長進行充分的專業交流？
➢ 你能否經營教學團隊？
➢ 你是否具備親師溝通能力？

一般人是這樣說：

考生面對這個題目，多數都會這樣回答：「會先問家長他在意的點是什麼，然後跟家長說明自己的想法，並試著跟家長討論，也可以提供一些教學的內容給家長參考，引導家長能理解幼兒教育的內涵」。在這題的情境當中，與家長立場不同是最需要處理的面向，所以先了解對方的看法，幾乎是所有類似情境的優先考量。

但在這邊大家可以思考的是，事情真的有這麼單純嗎？當我們提到「家長對教學有質疑」的這件事情，在幼教現場，通常是怎麼樣才會產生這種問題呢？沒錯，往往都可能是在親師之間的信任已經面臨挑戰的階段，但這種挑戰其實還有分兩種不同的時間點。

但你可以這樣說：

　　既然評審提問時沒有明確指出時間點，考生回答的時候就可以選擇要從哪邊談起，而這兩個時間點，分別會在開學之前，以及學期中間，甚至很可能會有第三個：親師關係面臨破裂。

　　開學之前的時間點，可以想做是孩子還沒進入幼兒園，家長很自然就會對園內的課程教學有問題，在這樣的時間點，比較理想的自然是在開學之前會辦理課程說明會，先將自己的課程教學向家長說明，在這個會議中，可以盡可能地回應家長的質疑跟提問，這種做法，看似是回應質疑，但實際上是在建立信任。

　　第二個時間點，通常可能是在學期中段，家長看見孩子上幼兒園後的一些改變，可能是好也可能是壞，或者是不確定，亦可能聽到家長群體當中的一些話語，因而對老師的信心開始產生動搖。這個時候要做的，就是將家長帶入幼兒園的課程或是活動當中，以具體的方式讓家長能理解教師的課程設計脈絡，所以一些園所會以「家長參觀日」作為建立親師信任的重要活動，或者是強化親師聯絡的各種管道，輔以幼兒的學習狀況，讓家長可以持續對幼兒的學習有全面理解。家長的質疑，可能來自原本的不知道、不清楚，也可能是因為聽到其他家長的想法而有點懷疑，甚至是對老師具體的作法無法認同。因此，在各種場合，教師都需要有明確的溝通機會與管道，才能維繫好信任關係。

　　至於最後，則可能因為彼此對教養的想法不一致而破裂，面對這種「質疑」，反而是成了最難處理，但也是評審最可能想要知道的答案。關係破裂有時候是不可避免也幾乎無法處理，在這種情境下，教師唯一要做的就是遵守專業倫理，以保障幼兒學習權

益為最重要的行事指引，而不要放入個人對家長的偏好。但如果還屬於稍微可以處理的情境，此刻就需要教學團隊的支持。面對這種關係破裂的質疑，可以尋求其他教師或主管的幫忙，透過其他管道，與家長溝通，了解真正的芥蒂在哪邊，若行政方面可以在符合各種規範下進行調整的話，自然可以順利處理。在這個時間點的關鍵：要展現出教學團隊的精神。

綜合上面，這一題就有很多種回答的方式了，假定只是要回應關係破裂的質疑：

「若家長是因為一些價值信念的部分對我產生的質疑，我認為首先我會提醒自己要謹守專業倫理，保障幼兒的學習權益，在這樣的前提之下，我會先與我的主管和教學團隊討論，並試著分析家長的立場……然後，我們會評估，由我直接出面或者由其他人協助溝通效果比較好……我的經驗是這樣……在不違反幼兒學習權益的情況下，我們會盡可能調整教育的方式……」

你也可以用更完整的脈絡來回應：

「從我的經驗來出發，我認為我們應該要在家長質疑之前，優先取得彼此的信任關係，所以，開學之前，我通常會辦理課程說明會……提供必要的教學設計基礎給家長……學期中的時候，也會有參觀日的活動…當然，為了要讓家長理解幼兒學習的進程，我也會邀請家長參與幼兒檔案的製作……。我能理解家長對於教養孩子的忐忑，所以我盡可能希望用不同的方式，連結親師之間的信任……」

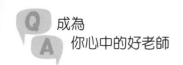

　　還有一點我覺得可以特別強調的，就是對於教養方式的尊重：

「……其實作為教師，接受檢驗與質疑是正常也是必要
的，我雖然有我相信的教學基礎，但對於家長的質疑，
我都會做為檢視自己的機會，每個家庭都有他們教養的
方式與價值，我覺得只能彼此的關係是正向有利幼兒
的，不同的方式也沒有不好，舉例來說，我有個家長
他……」

Q4.你要如何經營在地化課程？

這題可能想問的是：

➢ 你對在地化課程是否有概念？

➢ 你對在地化的理解是否正確？

➢ 你具備連結社區資源的技巧嗎？

➢ 你可以帶領幼兒進行社區踏查嗎？

一般人是這樣說：

在地化課程是近來幼教的顯學，很多現場都會強調這個層面，也很容易在口試的現場當中問到，面對這類有一點學術導向的題目，考生就容易以有點學術的方向來回應：「關於在地化課程，我會先從社區的資源開始建立，帶領幼兒探索附近的設施，然後透過活動的設計，把在這個區域的特色推廣出去，讓大家可以認識幼兒園周邊，也讓幼兒知道在地的文化有哪些。」

當我們提到在地化，我相信多數幼教老師的心中大概浮現出宮廟、歌仔戲廟、老街、農產品等。因為在現場經驗，很多幼教課程都是分享這些內容，你可以看見很多課程會讓孩子開始做一些手作產品，到社區推廣販售，或是參與社區的一些活動，接著到學習區分享與製作。這種樣貌，是否是你認為的「在地化」呢？萬一園所附近沒有宮廟、沒有老街、沒有農產品，你該怎麼辦？

但你可以這樣說：

確實，大家對於在地化的印象其實會停留在：把自己所在區域的特色推廣給其他區域的人知道，讓大家認識我們生活的地方。但其實這並非是在地化課程最終的意義。

在地化並非只是推廣在地。在幼兒教育的目標當中，在地，是要讓幼兒能理解所在之地，「所在之地」之所以在這裡是為什麼？我們社區的環境如何造就了現在我們的生活？老街存在是基於歷史意義還是觀光價值？農產品是因為環境而盛產嗎？觀光客吃的跟在地人吃的一樣嗎？為什麼？這些宮廟帶給我們生活怎樣的改變？若社區附近毫無所謂的「文化資產」，就真的無法在地嗎？你能否帶著孩子理解為什麼我們的社區無法發展成觀光區域？有那些困難？現在的你或未來的你有沒有能做的事情呢？

簡言之，「讓幼兒理解自己與環境的關係，並和自己生活之地產生情感連結與認同，最終能付諸行動，為自己的家鄉做些什麼」是我認為在地化的精神。從這點出發的話，你的回應就不會流於表淺。對於較為學術導向的問題，評審當然不是真的要問你定義，而是期待聽到你對這個議題上的獨特或深刻的意見，因此，你可以在一開始就先強調自己的觀點與當前常見的型態有所不同：

> 「關於在地化課程，我很常看到許多園所都只是針對特定區域的具象物件進行推銷與創作，例如，我看過一個關於老街在地化課程……，但每次我看完這些課程後，我就感覺好像少了一些什麼……」

後續，表達出評審可能想要理解的問題跟你的答案：

「………於是乎，我就想到我的園所也沒有廟、也沒有農產品，難道就沒辦法進行在地化了嗎？應該不是這樣，我認爲在地化應該是要讓幼兒可以連結生活、環境跟人之間的情感，進而激發幼兒願意在現在或未來替自己的家鄉做點什麼……」

接下來，就是要開啓你的案例了。在這邊我希望提醒大家，許多花俏的課程並非是根植於幼兒的需求，要經營出「好看精彩」的活動其實相當簡單，但回到教學本質，我更看重的是，教師對於課程事前下的功夫，帶領孩子探究是否深刻，所以要看一個老師對於在地化經營有沒有實際，就從最基本的「社區踏查」開始，若幼兒無法徹底理解自己的社區，根本無法達成在地化的意義，也就是說，要讓人知道，你是很札實在經營在地化，而不是只有表象的活動：

「帶著孩子理解社區，是我認爲最重要的一步，甚至應該要花很多時間來經營，以我的園所來說，附近有著最常見的村里辦公室……，除此之外，我也帶著孩子花一些時間，觀察附近公園的人潮……這些都是爲了讓孩子先認眞地看看自己居住的環境，有最基本的理解……」

有了踏查以後，接下來就是帶領幼兒思考人與環境的關係，你的活動就需要設計一些能啓發孩子思考的問題：

「對社區有理解以後，我會設計一些能引發他們思考社區與人之間關係的活動，例如：我們社區裡面爲什麼很多都在販賣梅子？是因爲這邊的氣候比較好嗎？或是，爲什麼來公園的人很少？……」

　　最後才會產出各種的創作，或是想要推廣的活動等等，但我建議考生可以不用談這一段，因為在地化課程到這邊已經非常精緻了，後端的成果，其實是實務上需要，做為教學者，能在前面把基礎打好，才是重點，若你太多時間在講如何創作成果，反而顯得浮誇。而我在這邊提供給考生另一個切入的觀點──在地化課程不是一次性就可以完成，它需要反覆經營。能夠談到這一點，表示你對課程設計有完整的概念：

　　「⋯⋯我認為帶孩子理解社區不會只有一次性，我會在課程當中，運用他們踏查的經驗逐漸去延伸，一點一滴建立起對社區的關懷，每一次的課程也盡可能要回到在地的意義探討，而非急於推進高峰活動或結尾，因為在地化的經營並不是一次性就可以達到，小班的踏查、中班的踏查甚至大班的踏查，都會有不同的看見與體悟，要能培養幼兒對於在地永續地關懷，才是真正地在地化⋯⋯」

Q5.新手老師的你，如何準備好新學期的課程？

這題可能想問的是：

➢ 你對幼教課程想法是否全面？
➢ 你理解如何開啓班級經營嗎？
➢ 你是否知道教學與行政的需求？
➢ 你懂得如何自我精進嗎？

一般人是這樣說：

準備一個新學期的課程，是作爲新手老師最基本的事情，當前的幼教現場多數都有一點課綱的概念，聽到這樣的問題，多數的考生都會很自然地聯想到課綱裡面建議的課程設計方法，就是俗稱的幼教課程ABCDE。

大部分的考生會說：「我會依照幼兒的經驗，先針對一個主題進行發想，再找出概念之間的連結，然後提取一個更上層的概念，然後再開始建構教學活動，但是這個活動只是一個初步的架構，等待開學之後，我會跟幼兒一起共構。除了主題之外，我也會開始規劃班級的學習區，並以4-6個爲目標開設……」

但你可以這樣說：

上述的說法當然是一種正確答案，但如果只談這些，很明顯是一種跟隨潮流的說法，而且對於課程的本身是一種狹義的見解。在這問題當中，我們應該要用更廣義的看法來說，而不是只有聚焦在狹義課程的本身。

課程設計固然重要，但若你有理解課綱內談到的精神，課程其實不是只侷限在主題與學習區，是從幼兒一踏入園內就開始了，身為幼教師該注意的不能只有主題學習區，口試的時候如果一直聚焦在課綱，談起來會讓人有點官腔官調，因為課綱只能說是課程的一種基礎架構，作為一個專業的幼教師，不能讓自己的專業只留在課程綱要，而是應該要回歸到教育現場真實的情況。

因此，當談論到如何準備好新學期的課程，我建議把各種理論都放下，專注於真實的幼教情境當中。請試著思考，對幼兒最優先且最重要的並非是正式課程，而應該是生活作息，但請切記，要先跟你的搭班討論：

> 「對於一學期的課程，我認為最重要的是要優先考慮幼兒的作息規律，所以我一定會先了解當前班上多數幼兒的生理年齡，然後跟我的搭班老師一起先依照其生理年齡設定一個比較適合的作息時間……，如果幼兒年齡偏小，我們會……如果年齡偏大，我們會……」

作息表的產出是基本，再來是考慮空間規劃跟動線的安全：

> 「接著，我認為空間的規劃也是非常基本的，要考量到我可以使用的大小，還有可能會採用的教學模式來思考

我的空間規劃，如果戶外空間有限，我的室內空間該如何調整……，還有一些安全上該注意的地方都需要事先處理過，因為安全也是要優先考量的……」

這些規劃其實也很難架空在真實的情況底下，所以我自己在教育現場的時候，有能力會進行家訪，沒有能力至少也全部都會電訪過，為的就是要確認每個幼兒的狀況，還有對家庭有基本的了解，如果少了這些，後續的課程真的很難進行。普通班的幼兒人數多，通常很難每一位幼兒都做到家訪的，但你至少可以針對班級幼兒當中的「優先入園/弱勢/特殊境遇」的幼兒進行家庭訪問，這可以幫助你微調自己的作息與空間。

當然，也並不是說只顧及優先入園的幼兒家庭，針對一般新生的家庭，你其實可以在開學之前進行「班級課程說明會」，或者是「親師溝通日」，這麼做的好處，就是先讓家長來到班級當中，了解教師環境與老師的想法，這就是班級經營最基礎的開端，家長的到來，能提供給妳很多調整的意見與想法，面對難以做到的，也可以當面說明好讓彼此了解，而最重要的是，讓你可以掌握自己班級內的家長，有哪些「資源」可以運用。

綜合這兩個面向，你要從兩種類型的幼兒接續：

「在有了初步的構想之後，我會先在開學之前電訪幼兒，但面對優先入園的幼生家庭，我則會採取家庭訪問的方式先理解他們的需求；而其他一般幼兒的家庭，我會召開班級課程說明會，讓家長理解基本的作息與空間，以及我的一些觀念，另外就是提供家長可以預先做的準備，降低新生的就學焦慮。還有一個優勢是，我可

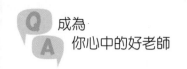

以先調查家庭有哪些資源，做為我後續課程來運用……」

在這個層面，我建議你應該要搭配一些實務上的案例，加深評審對自己在這方面的印象，這樣的好處就是會知道你對規劃課程是有具體想法的：

「……舉例來說，我實習（或代課）的時候，班上有個家長在班親會時告知我他的孩子對於狹窄的空間非常害怕，特別在睡覺的時候……所以我就調整了……；另外，我的一位家長是汽修廠的老闆，當時我們還全班一起去參觀……」

大致上到了這邊，整體班級課程會有一個雛形，可是也不要急切地就掉入微觀的課程設計，在現場待過的老師就明白，一個班級的課程不是單獨存在，課程的主軸還有目標，其實要參考整個園所的方向來設定，所以接下來你和你的搭班，要先去了解這個園所的整體脈絡：

「在這些基礎之上，我會和搭班一起了解園所的整體課程目標，以及過去的脈絡，或是確認有沒有一些課程是延續性的。基本上我認為園所的課程要有銜接才有利於幼兒的整體學習，所以，與園內的主任、組長或前輩詢問這些資訊還有行政程序等，是我接下來要進行課程設計時需要特別留意的……」

理解園所的目標跟脈絡之後，最後一步才是談到微觀的課程設計，但是否要再提到課綱的課程設計方式，我個人倒認為沒有必要，因為這裡是一種虛擬的情境，你的回答如果有了整體的架

構，細節的操作反而不那麼重要，畢竟不是要標準答案的問答題，而是在口試：口試最想看的，是你的經驗與觀點。

這樣思考的話，你反而要在這邊凸顯對幼教課程廣泛的理解還有哲學想法，以引起評審對你進一步的好奇，我建議考生可以談談自己偏好的課程模式，並說明一些理由，之後才進入細節操作。這種回答的鋪陳，可以引人入勝：

> 「知道了整個園所的目標跟脈絡之後，我才會開始設計具體的課程主題與活動。但幼兒教育課程模式其實有很多種，若在符合園所需求的前提下，我個人會選擇用高瞻課程做為我的課程模式取向，因為我對高瞻課程那種讓幼兒自主探索的信念非常喜歡……，而在這樣的理念底下，我的課程會這樣設計……首先，……再次……，最後……。」

當然，做為教師，並不是課程設計結束之後就搞定了，我在這邊也提供一點給考生參考，若你的時間足夠，可以提到後設的課程反思，做為本題的結尾，因為課程設計是一連串的動態過程，時時刻刻修正，才能符合幼兒需求：

> 「而最後，我認為並不是把課程設計好就可以了，我會每個學期去檢視我自己在課程方面的限制還有思考可以改進的地方，每學期勉勵自己進行後設的課程反思，這樣做的理由，是因為每一年幼兒的狀況與需求都會不太一樣，將課程為調到與幼兒最適配的程度，是我在這個議題上對自己的期許。」

Q6.你要如何規劃幼小銜接課程？

這題可能想問的是：

➢ 你理解幼小之間的差異與內涵嗎？

➢ 你是否可以有系統的規劃銜接課程？

➢ 從幼教師的角度你會如何經營？

➢ 你在這題的實務經驗上有沒有特殊的見解？

一般人是這樣說：

　　幼小銜接是幼教永遠的議題，不論時代怎麼變幾乎都會有人在探討。目前很多幼兒園都已經可以落實課綱認為的幼小銜接重點，所以大部分的考生會說：「我會在大班下學期的時候，安排幼兒參觀小學的環境，也會在快接近學期末時，把班級作息稍微調整成類似小學的樣子，模擬上課情境還有抄寫聯絡簿，讓大班生可以逐漸適應；另外，我也會邀請已經畢業的幼兒回來班上進行分享」。有些考生也可能會多補充一點訊息給家長：「對於家長我也會提供鄰近小學學區的相關資訊給他們，讓他們可以參考，並事先給幼兒做心理準備」。

　　幼小銜接議題博大精深，可以發揮的亮點其實有很多，如果考生只是針對最基本在形式上的規劃進行論述，恐怕無法讓人理解到銜接的重要性，更沒辦法凸顯出你是否有實際上的經驗。

但你可以這樣說：

幼小銜接不是什麼新穎的話題，可是要能讓評審可以耳目一新，需要一點實務的經驗才能做到。其實幼與小的差異在課程結構上很容易看得出來，但是背後代表的一些學習意義卻很不相同。

要讓評審知道你對這個議題有充分的準備，我建議要先表達出你對小學與幼教差異的理解，然後從這些向度來談你認為理想的銜接課程規劃是什麼樣子。這樣破題的原因，當然是因為很多人都已經在幼小銜接上會以課綱的建議進行安排，若你還是依照跟大家相同的規劃，那就看不出你的亮點。所以，試著先談談你認為幼與小的差別：

> 「在幼小銜接的規劃上，我有先針對幼與小的差別進行了解，我認為有一些層面是非常不同的，在規劃轉銜的時候就需要針對這些層面來進行引導。首先從學習情境來看，幼兒園比較種自由探索，小學則是團體授課；再來是生活規準，幼兒園比較多的包容，可是小學就是界線清楚；第三個面向是關於師生關係，幼兒園的老師有些角色是照顧，小學階段的關係就不太一樣……」

其實幼與小還有很多的面向可以分析，但因為答題時間有限，我建議考生先選擇你最能回應的三個面向來談就好，但你在練習的時候，則應該要把想得到的議題都考慮進去，這樣當場回答時才不會一時腦袋空白。提出這三種面向以後，你接下來就要針對這三個面向進行具體的論述，然後連接到實務上的規劃：

> 「因為要讓幼兒從自由探索銜接到團體授課，我會開始

逐漸增加大家團體授課的時間並固定座位與上課時段，例如……；而小學生活規準比較嚴格，我則是會先了解學區內一些小學的規定，然後跟幼兒說明，並在生活當中慢慢引導他們練習，像是……；小學老師跟幼兒園也不同，在這方面，我自己有認識的小學老師，我會邀請他來跟幼兒園小朋友分享，到了小學要怎麼做比較好……」

　　以上的回應內容雖然是基本盤，但經過你深入思考比較後，講出來的內容會跟其他人很不一樣，就能讓評審感受到你的用心。但這基本盤主要是針對幼兒本身，幼小銜接除了幼兒，家長也是很重要的對象，我建議接下來你應該要分享一下你如何針對家長的焦慮進行銜接，而且可以挑戰最尖銳的注音符號議題：

　　「除了針對幼兒本身的規劃以外，我也理解家長對於升小學的焦慮，特別是在學習注音符號上面。注音符號是小學很重要的基礎，家長也都很關心，可是從幼兒發展的理論來看，注音符號只是一種拼音系統，其實背後最重要的是閱讀教育……」

　　請務必確定你可以處理這困難的議題再主動開啟，否則你可能會在這邊讓自己跌一跤。注音符號的議題打開之後，將這矛盾連結到正常的幼兒園課程設計：

　　「而閱讀教育的學習，並不是只有拼音系統，是應該要回到對閱讀的熱愛，因此我平時在課程規劃當中，就會特別放入這一塊，培養幼兒閱讀的興趣……我通常會在大班的時候特別強調這個概念，時時刻刻提醒

> 家長要回頭關注幼兒的閱讀興趣……這樣其實就可以
> 慢慢減低家長的焦慮……」

請從注音符號的問題，我希望考生可以意識到一個重要的銜接關鍵「幼小銜接不是從大班才開始」，每一步的課程設計都是在未正式的學習鋪路，所以幼小銜接代表的意義，其實是教師平時就要能有規劃穩健課程的能力，才是真正能幫助幼兒銜接正式學習的關鍵：

> 「也正因為這樣，我自己在幼教現場的這幾年發現，其
> 實幼小銜接並不是只有在大班才特別做一些形式上的
> 轉換，如果一個幼教老師平時就有落實課程規劃，那其
> 實就是在幫助幼兒進行銜接了，要從學前階段跨越到正
> 式教育。因此我認為在幼小銜接方面，老師的課程規劃
> 才是真正的關鍵！」

　　而這題的最後，還要凸顯真實的現況，因為不是每個幼兒都一定會順利銜接上去，你可以舉一個現場經驗，是銜接到小學的時候產生困難的個案，並描述你如何幫助這個孩子度過這段銜接期：

> 「雖然我在這方面做了很多，但是面臨銜接，每個孩
> 子適應的能力都不太一樣，因此並不是上了小學之後
> 就一定會非常順利。比如說，我曾遇過一個孩子，上
> 了小學的前幾個月他嚴重適應不良……當時候他都
> 會跑來找我……我除了跟他說可以怎麼調適心理，我
> 也會把他的狀況轉知小學老師……而家長那邊，我則
> 是請一些有類似經驗的舊生家長一起討論……最

後，這位孩子確實有慢慢上了軌道……。所以，在我的教學信念當中，銜接是一個過渡階段，幼兒園老師的角色，直到他們真的可以接軌之後，我才開始慢慢淡出……」

幼小銜接是個大哉問，要回答得好需要認真思考與練習，但這種大哉問的題目，其實更能看出一位教師的整體格局，若你可以將各種面向都思考到了，也再結合現場經驗並提出自己的見解，我認為類似的題目對你而言都是加分題。

Q7.家長不承認孩子有障礙，你會如何說服他們？

這題可能想問的是：

➢ 你有幼兒發展的敏感度嗎？
➢ 你對親師溝通的技巧如何？
➢ 你是否具有幼兒觀察的習慣？
➢ 你能將專業轉為有溫度的語言嗎？

一般人是這樣說：

　　這一題的狀況，幾乎可以說是每一個幼教老師在職場當中都會遇到的，因為學前階段老師跟幼兒朝夕相處，很容易看出有疑似身心障礙的幼兒。當你發現有疑似發展遲緩幼兒的時候，直接通報也是沒問題的，可是這種作法，大概除了把關係弄糟之外，可能也沒有其他好處了。因此，多數的幼教老師，會盡可能地好好跟家長談：「我平常就會跟家長講孩子的狀況，並鼓勵可以帶孩子去醫院檢查看看，避免錯失了早療的黃金期。如果家長不願意，我也會試著同理他，並再鼓勵他要把握幼兒階段的重要……」

　　這一題很容易就獲得鬼打牆的回應。而最後，家長死不帶他去看醫生，你也沒辦法把他綁去；就算看了醫生，也不去排療育

課，那你還是沒轍。所以，我想問問大家：難道我們真的只有這種作法嗎？

但你可以這樣說：

每一個老師都急切地期待幼兒的發展可以步上軌道，所以面對發展可能有障礙的幼兒，都希望家長可以多關注幼兒的狀況。這當然是一種很積極正面的態度，但是教育現場真的無法用這麼簡單的觀點來處理「人」的問題。

其實要幼教老師直接開口跟家長說孩子可能有狀況，並不是每個人都可以輕易做到的事情，既然如此，我建議就不要用這麼單純的想法來回應，也不要急著掉入題目的框架：你會如何說服他們？

題目這樣問，是背後假設了你要去「說服」家長，因此你會很容易就朝這方面思考，可是這一題有趣的就是：「我們為什麼一定要這麼努力說服家長？」是的，稍微冷靜思考一下，之所以要說服，是因為家長不相信孩子可能有發展障礙，至於這個不相信只是一種結果，背後其實有很多可以思考的理由，不過不論是怎樣的理由，其實基於父母親情，一開始的不接受絕對是正常，我們必須要先承認這一點，但也不要貿然去使用同理的概念，因為生命的經驗有其不可取代性，沒有什麼是可以真正被同理的，太快使用同理的技巧，反而不是真正的同理：

「我認為家長不承認孩子有障礙，是一種正常的反應，
換作是我，我認為自己也會有相同的行為，可是我不認

為自己真的可以同理家長的心情，但我會想知道這個行
為背後可能的想法與原因……」

　　知道行為背後的原因，不一定真的可以同理家庭的心情，可
是身為教育者的身分，我們可以做到的就是先接納這種否認的行
為，因為這是個體重要的自我保護措施，只有先接納行為的本身，
才可能慢慢接觸到背後真正的原因：

　　「所以，就算家長否認，我認為我可以做的就是先接納
　　家長的否認，不用急著要求他要承認孩子的障礙……」

　　很多人也許好奇，這個階段是早療黃金期，家長如果不把握
機會，會影響孩子的發展，不急著要求家長帶去早療，這樣真的
好嗎？就如同我前面說的，你要選擇強制通報也可以，但事情卻
不一定會往好的方向發展，在我的職場經驗當中，只有家長願意
主動面對孩子的狀況，所有的介入才會有效果，當家長願意踏出
第一步的時候，他將來才可能真正把孩子的需求放在第一位。因
此，就算要花上一點時間等待，我都認為那是值得的。

　　雖然說不催促家長面對，可是並非表示身為老師的你沒辦法
對孩子有任何的作為，你可以有很多的方法主動積極介入孩子的
發展，甚至最重要的是，要在這段期間盡可能收集孩子發展的資
訊，一來做為爾後家長決定尋求醫療鑑定時的重要佐證資料，二
來這些發展狀況都可以成為你在親師互動當中重要的資訊。

　　「而我雖然選擇暫時不要求家長急著確認身分，可是我
　　會同時採用不同的策略針對幼兒的需求進行介入，也收
　　集他的發展狀況。例如：我會在巡輔老師或治療師來的

時候諮詢這個幼兒的狀況，然後思考可以介入的機會；
另外，我也會在小組時間或個別操作的時候，優先關注
這個幼兒，並隨時記錄他的狀況，可能是用照片、影
片……等等。這些學習的紀錄，我一方面是提供給家長
知道幼兒的狀況，同時讓他知道老師是非常積極地希望
促進幼兒的發展；而另一方面，當家長真的願意主動尋
求醫療協助時，我的這些紀錄都可以幫助醫療人員快速
判斷幼兒的需求。」

在表達了你的積極介入與關注之後，我建議你可以補充，為
什麼會選擇不急於要求家長承認？其實正是因為我們身為幼教老
師的關係：

「我理解早療的黃金期，很多人也好奇我為什麼要選擇
被動等待？可是在我的想法裡面，我們很可能是這個幼
兒人生的第一位老師，做為幼教老師我們與家庭的關係
又非常密切，家長很喜歡跟我們討論育兒的話題，還有
各種家裡的生活，我認為除了教育幼兒之外，身為幼教
老師還有一部分的專業是陪伴家庭度過辛苦的育兒時
間，因為育兒的壓力常常會是親子互動品質不佳的重要
因素。從長遠來看，家長要能有正向的情感，幼兒才可
能在正向的環境當中穩定發展。」

試著用另一種角度來看待這類的問題，你就會發現所謂的「說
服」往往可能會獲得反效果。處理人的問題時，並不是用道理就
可以完美落幕，人與人之間最重要的是關係，有了信任的關係，
對方才可能會將你的道理聽進去，並試著依循你的建議，類似像

這種關係的例子，相信很多幼教師都跟我一樣可以從很多幼兒家庭長大之後，都還願意跟你保持聯繫來證明：

> 「最後，我真心認為幼兒發展不是一個真空的環境，成人之間、家庭與學校都需要有好的、互信與陪伴的關心，彼此才能走得長遠。我任教第一年的幼兒家庭，一直到現在我們都還有聯繫，因為在幼兒園的期間，我們建立了很穩定的關係，看著這些孩子長大，也讓我相信自己這樣的接納與陪伴，是能讓家庭走得長遠的重要因素……」

Q8.如果你是巡迴輔導教師，你如何跟普通班教師合作？

這題可能想問的是：

➤ 你是否了解普通班的生態與需求？
➤ 在專業合作方面你的特色是什麼？
➤ 你能否針對普班老師的需求擬定適合的服務方向？
➤ 你理解巡迴輔導的專業內涵嗎？

一般人是這樣說：

　　這個題目是比較多學前特教老師甄試的時候會被問到的，但非常有趣的是，學前特教的師培過程當中，並不是以擔任巡迴輔導老師為目標進行培養，所以多數考生對於學前特教巡迴輔導的相關概念與知能並不清楚，或者只是停留在教科書上的層次。最普遍被大家接受，也最好回應的，就是採用合作諮詢的方式：「我認為巡迴輔導的專業就是與普通班教師合作，因此我會使用合作諮詢的方式，了解普通班老師的在教學上的困擾，然後提供一些具體的建議讓他可以在日常生活當中練習」。

　　這樣的意象應該是當前學前特教巡迴輔導所推崇的，也「可能」是多數評審想要聽到的回應。但從我的觀點來看，這樣的回應方式也只是說出標準答案而已，就像是回答課程設計總是提出

課綱系統的感覺一樣，不過，作為考生的你也可以選擇打出這樣的安全牌，只是我個人並不覺得是一個理想的口試回應，也認為一個評審如果只想聽到正確答案，那根本就沒有必要進行口試了。遇到這種可能是評審想聽，但實際上狀況又不太一樣的題目類型，到底該怎麼回應的？

但你可以這樣說：

　　若有在實務經營的學前特教老師應該就非常清楚，普通班老師在融合班裡面是需要很多的支持，才可能走到合作的關係。要能表達出真實現場的方向，卻又不要違反對這個議題的一般性概念，最好的做法就是先同意題目背後的假設，再回到現場狀況來討論，將焦點拉回來實務的經驗與做法。

> 「合作關係的培養一定是巡迴輔導工作裡面最重要的
> 因素，巡迴輔導老師需要與普通班老師建立起好的合作
> 關係，才可能正面促進特殊幼兒在融合班的適應」

　　同意了整個價值之後，再分析要達成這個狀態所需要的前置作業，這樣就可以稍微化解立場上可能產生的差異，並讓自己有機會提出個人的觀點與經驗。

> 「要建立起合作關係之前，我覺得有很多課題需要經
> 營，因此在提供介入策略之前，我一定會提醒自己先觀
> 察整個教室的文化、作息還有氛圍……，在有了具體的
> 了解之後，我會從不同的層面來思考適合的策略……」

　　要達成合作關係，接納對方的觀點與提供需要的協助，正是
建立關係的第一步，有了這樣的連結，對方才可能會試著思考你
所提供的各種意見，你可以從三種方面來思考你的策略，並各輔
助一個具體的案例來強化你的論述。

「第一，就普班老師個人方面，聆聽他的想法與需求是
必要的，所以我會透過提問來理解普班老師對特幼兒的
想法。像是我服務過的一個老師，他曾告訴我……；

第二，從請益的立場理解班級的課程設計，為了不要讓
普班老師覺得我是來監督她或是要求他做很多事情，我
會用請教與交流的立場跟普班老師詢問班級的課程、作
息等依據，這是我後續要進行調整的重要依據。例如：
我曾看過一個老師非常要求幼兒的發言順序，但在我與
該班老師交流之後，才發現原來不是我想的那樣……；

最後，我會試著導入我可以運用的特教資源，提供一些
具體的幫助給普班老師還有普班的幼兒，例如：我自己
對桌遊有很多研究，我會跟老師一起在課堂上一起運用
桌遊的資源……。」

　　在這些前面的措施都談完之後，最後就是回扣這個題目的主
軸，正式與普通班老師進入討論特殊幼兒學習介入的內容。而在
這邊我建議除了關注特殊幼兒之外，也應該放入共同關注普通幼
兒的案例，才能讓人感受到融合教育的精神。對於特殊幼兒，你
可以描述你跟老師討論目標跟執行過程的一些細節，對於普通幼
兒，則可以從你如何與普通班老師一起共構課程，讓普通幼兒在
與特殊幼兒互動的過程當中有所學習。而這類型的情境題目，案

例就非常重要，務必要有具體的案例，才能讓評審感受到你的專業能量：

「在我跟普通班老師建立起信任關係之後，我會先與他一起關心特殊幼兒的學習，但我會先從目前的課程架構當中進行調整與支援，例如：一位需要學習精細動作的幼兒，我曾試著調整……；除了特殊幼兒的個別學習，就我的經驗來說，特殊幼兒與普通幼兒之間的社會互動也是一個很重要的面向，我認為好的合作關係不是彼此劃分而是相互支援，因此我也會跟普班老師討論，我在這個層面當中可以有怎樣正向的作用，像是某次，老師邀請我分享一些相關的繪本……」

這類型的題目背後通常是預設成功合作的經驗，可如果你的經驗夠豐富的話，我非常建議你可以提出一個失敗的經驗做對照。因為失敗的經驗能在口試過程當中帶來很真實的臨場感，把你在這個失敗的經驗當中的心得與感受提出，可以創造一種意猶未盡的氣氛，並且去呼應你前段提到前置作業的必要性：

「而我想補充，其實合作關係的經營，我自己是在很多失敗當中學習的，記得任教的第一年，我當時很快就跟普班老師說該如何介入，結果……，還有一次我直接在家長面前跟家長說幼兒在園所可以怎麼調整，後來……。我從這些失敗的經驗當中學習到，合作的關係很難自然產生的，一定需要刻意經營……」

　　光談這些可能時間就差不多了，但這個題目最後其實還可以
產出一個亮點，就是把合作的關係擴展出去，巡迴輔導教師其實
是一個資源的串聯者，把每個幼兒園相互連結，資源共享：

> 「最後，我認為巡迴輔導其實是資源的串聯者，當我在
> 一個園所內與他們建立了好的合作關係，也夠理解這個
> 園所，我會在我服務的園所當中，將他們彼此的需求與
> 專長相互媒合，彼此共享。像是跟我合作很久的資深老
> 師，他在幼兒料理當中有著很多的想法，所以那次我就
> 把這位資深老師介紹給另一個園所要走料理主題的老
> 師，他們彼此之間……」

Q9.若你成為正式老師，N年後我走進你的班級，你希望我看到什麼？

這題可能想問的是：

➢ 你有專業成長的規劃嗎？

➢ 你對自我的期許是什麼？

➢ 你希望定義自己在教育界的樣貌是什麼？

➢ 你如何堅持自己的理想？

一般人是這樣說：

一般考生聽到這類型的題目可能會顯得有點慌張，因爲這種長遠規畫性的問題通常不在考生準備的範圍之內，再加上這並非是單純的回答假設情境，還要站在另一個人的角度來解釋自己。

最安全，也最保險的回答方式，就是直接說出自己對於課室經營的期許：「如果眞的有那一天，我希望你看到我的班級是有好的空間規劃，有足夠的安全設施，幼兒可以在裡面自由探索學習，我跟搭班採用協同教學，而且會有家長志工與實習生參與在裡面，而且班級裡面很自然地會有特殊幼兒存在」。諸如這些非常具體的班級課室畫面，通常不會有太多的問題，能好好地說出自己未來經營教室的樣貌，其實也是很不錯的回答。

但你可以這樣說：

如果真的就像上面這樣描述，那問題也就簡單得多了，畢竟談理想非常簡單，可是評審到底要怎麼從一大堆人的理想裡，挑選出最適合的老師？這樣想你可能就會覺得光談理想大概很難凸顯自己的特別之處，所以其實還是要回到題意來思考，這個題目究竟希望問出什麼呢？當然是考生作為教師的自我專業成長規劃。

這一題其實有兩個特殊的點可以突破，第一個就是「成為正式老師之後」，第二個是「N年後」。首先，我們不應該侷限在成為正式老師之後，一如我在整個書籍裡面強調的，不論你是正式還是代課，做為教師終身學習就是必要的，所以可以直接先把這個框架打破，強調自己現在已經在進行專業成長：

> 「不論我是不是正式老師，我都很歡迎別人到我的教室來看看，因為從我決定選擇這個工作，我就會勉勵自己要年年進步，成為正式老師固然是我的希望，但不會影響我從事教育的進程。」

第二個點就是「N年後」，這個N的數字不太一定，可能會有3、5或10年，不管是哪一種數字，你都應該從你任教那一年對自己的規劃開始談起，不需要讓這個問題是完全虛擬性的，也強調自己其實已經很有規劃，從時間點點回推，提出一個具體目標，然後說明你的短中長期規劃：

> 「如果是5年後的話，我目前對於自己還有班級教室的規劃，目標會放在能將多元文化的精神放入班級課室當

中。為了這個目標，我自己過去一年參與過多次的研習課程，最有印象的是關於OOO理論，在那之後，今年我第一次嘗試依照這個理論來調整我的教學……，我發現……，從過去的經驗我認為還有很多需要慢慢補充的地方，因此，我規畫自己2年之內對於班級新住民幼兒的國籍文化要有一點詳細的了解，甚至學習一點點他們的語言；第三年我預定開始進修相關的研究所，同時把這個議題作為我研究的內容，讓教學跟研究可以相輔相成……」

用這樣的方式來回答這個題目，其實就是在表述自己的專業成長規劃，從過去、現在、短期未來、長期未來的切點談論，然後才提出具體的課室圖像，就可以讓人覺得你對自我的專業成長非常有規劃，也記得要強調傳承性：

「依照我這樣的規劃，5年後，我認為您可以看見我的班級裡面，有許多不同的文化主題、繪本，並能容納不同學習需求的幼兒。班級裡面的作息、時令節慶，也能依照幼兒所屬的原生國籍進行調整……。另外我自己也非常重視經驗的傳承，所以我規劃3-5年後如果有機會，我非常樂於指導實習生，讓我的經驗可以貢獻給新老師作為延續……」

以上是聚焦在教育現場的回應方法，可是這種以自我成長的題目，也可以嘗試突破格局來引起評審對你的好奇：

「5年後，我其實希望自己可以朝行政現場開始歷練，所以我會先規劃進修園長資格…」。(行政路線)

「5年後我會整理我自己的現場經驗，將這些經驗文字化，並聚集一些理念相同的幼教夥伴，我們會一起經營學習社群，而我的教室則是共同的學習場域⋯⋯」（共享社群）

「10年後，也許您進到我的教室，會發現我將已經不在了⋯⋯，因為我規畫自己能在這10年找出最想要研究的領域，然後朝學術的路線發展⋯⋯」（研究路線）

其實不論是哪一種狀況，考生在這題需要掌握自己未來的規劃方向，並且按部就班提出自己具體的想法就能給人印象深刻，甚至可以連結自己過去可能失敗的經驗，凸顯出未來的規劃會避免類似的經驗發生，這樣更能連結到教師的專業學習能力。

而這題最難的部分倒不是回答的方式，而是考生如果沒有認真思考過，恐怕會是一片空白，而且回答得非常心虛。

所以為了避免這種心虛的狀況，我建議針對這一題，不要只當成一個考題，請把這題當作你對自己負責的課題，現在就應該好好想想，5年、10年後的你，想讓自己成為什麼樣子？那麼現在的你，是不是有在朝那個方向前進呢？試著做出你認為可行的專業成長藍圖，好好面對自己，就是這題最好的答案：

「N年後，我會希望您看見我在班級教空間的環境規劃，是⋯⋯；在課程設計方面的話則是⋯⋯；在教學評量方面可以表現出⋯⋯；在親師溝通上的層面是⋯⋯；在幼小銜接的活動設計上則是⋯⋯」

Q10.請說一個你的缺點和一個強項？

這題可能想問的是：

➢ 你在幼教的優勢是什麼？
➢ 你知道目前現場需要的專業是什麼嗎？
➢ 你對自己的缺點是否清楚？
➢ 你能讓自己的缺點成為亮點嗎？

一般人是這樣說：

　　看似簡單的題目，其實也最可以問出與幼兒教育最關鍵的問題。通常缺點與強項都會合在一起詢問，考生聽到這個題目，通常會很擔心說出自己的缺點好像顯得不夠專業，可是又怕多說自己的強項給人感覺很自大，因此通常會採用比較中性的回答，選擇一些較為具體大眾印象的專長來描述。

　　「我曾經參加過OOO單位培訓的汽球研習，所以可以在幼兒園活動的時候自己布置，另外也會拼布，可以自己做出日常用品，也有保母證照。我對孩子也很有耐心，願意跟他們一起學習。至於缺點的話，我覺得自己可能比較不擅長讀書，可是我很喜歡小孩，對於財務管理也可能是我比較弱的一項，但如果有機會進到教職現場，我非常樂於學習。」

　　展現出多樣才藝還有學習的態度，是考生在這類題目最常回答的。

但你可以這樣說：

　　表面上看起來是在詢問優缺點，但如果真的照字面上來談，其實就只是一般的閒聊而已，對於甄選沒有加分的作用。大家可以先思考看看，你認為一個專業幼教老師最需要的特質與能力是什麼呢？是折氣球、變魔術、拼布、保母證、說故事還是做料理呢？如果強調這些一般性的才藝，你認為自己可以贏過才藝老師嗎？那我們究竟是要聘請才藝老師還是幼教老師呢？

　　是的，所以要回答關於強項的題目，並不是說出才藝表現，而是要回歸到專業的幼教能力，也就是說作為一個幼教老師的素養：課程設計、教學評量、發展知識、主題規劃、學習區設計、幼小銜接、親師溝通……等，這些才是評審關心的，才是現場需要的，也是你跟才藝老師的差別：

> 「關於強項，我想我自己在主題規畫方面有多年的經驗，我曾經設計過……；還有就是在親師溝通的部分，我自己辦理過OOO活動，而且發現，與不同類型家庭溝通的時候，關注的焦點是不同的，譬如說中產階級的家庭……、以前在偏鄉時我是這樣跟家長溝通……。」

　　當然，我能理解很多考生會覺得提這些會不會過於自大？而且還是在教授面前說自己的專長是課程設計等等的。但我想這是我們幼教人缺乏自信的原因，考生要有幾點認知，首先，如果來

應徵的老師沒有課程規劃與設計的相關能力，我們為什麼要錄取他？這就像來應徵的廚師，說他不太會煮飯但很會插花，作為老闆，你要錄取他嗎？第二，你並沒有要跟你眼前的委員競爭，他們比你厲害是很正常的事，你能接受一個能力比你弱的委員來決定你的去留嗎？第三，雖然我第二點是這樣說，但我還是希望你相信自己，你可能比你眼前的委員還要厲害，因為你就是幼教現場最有實務經驗的專業人員，若連這點自信都沒有，我都想問，請問你是來幹嘛的呢？

有自信很重要，但卻不能毫無根據，考生害怕自己這樣回答，萬一後續會被問得更具體怎麼辦？沒錯，絕對會被問得更具體，而你也應該要有能力可以回答，否則，怎麼可能說是自己的強項呢？評審可能會追問你：「既然你的強項是課程設計，那你對於課綱的教學設計有怎樣的看法呢？」

「我認為課程綱要的設計方式是一種較為有系統的設計方法，但實務上還是有幾點困難，像是在發起概念的時候……，而我通常會這樣處理……。另外，我自己還嘗試過了像是OO的課程模式，發現了……」

萬一自己沒有信心可以說出這些內容呢？那就請你現在開始培養自己的專業能力囉！

專業能力的養成沒辦法一蹴可及，若你本身有很多才藝，那我建議可以改用另一種說法，請務必將你的才藝跟幼兒教育相互結合，才能看出你的獨特性，不論哪一種才藝，幼教老師的實踐都必須能促進幼兒發展與學習，而不是單純的才藝：

「我自己對於園藝很有興趣，也參加過園藝士的國家
考試，而我自己將園藝帶入幼兒園的時候，有發展出
幾種比較適合幼教的園藝課程，像是水耕蔬菜，在經
營水耕時，因為會涉及比較多的精密計算，對於幼兒
學習數學的概念有很具體的幫助，而且後續的管理維
護簡單，失敗率也比較低……」

我舉個比較極端例子來說，英語系的老師教幼兒英文，跟幼教系的老師教幼教英文，兩者有沒有差異呢？是的，這種差異就是你要嘗試呈現的，幼教老師學習才藝並不是單純展現自己的厲害，要轉化能讓幼兒可以體驗各種經驗的課程，那才是你學才藝的真正目的，所以，請試著把自己的才藝跟幼教現場結合，凸顯自己與才藝老師不同的樣貌：

「同樣是教導拼豆，但我會依照幼兒的精細動作程度，提供不同尺寸的豆子讓他們可以方面操作，我也自編了由簡單到複雜的參考圖樣，讓一些剛入門的幼兒容易上手維持興趣，如果已經進階了，我則會看重他們的創意發想……」

至於缺點的部分，不要一直強調自己願意學習或有熱情，因為這樣太空泛。我建議可以有兩種呈現方式，一種是說出自己的缺點而且提供具體的學習方向或替代能力：

「我個人在藝術創作方面比較不擅長，但是如果需要使用到比較多藝術創作的課程，我自己會主動參與相關研習，並且先找幾位擅長藝術創前輩進行討論，確認我能提供基礎的藝術創作經驗給幼兒。」

222

「對於科學我確實涉略比較少，所以我自己在實務工作的時候，會先調查班上有沒有家長是這方面的專長，我在課程設計時會主動邀請家長參與，我則提供合宜的設計脈絡，與家長一起共同備課……」

「行政業務一直是我不熟悉的一塊，我覺得管理是一件困難的事情。但在幼教現場卻時還是會有要接任行政的時候，所以將來我認為自己先從主動辦理一些全園性的活動開始學習行政的經驗……」

　另一種，則是從較為負面的個人特質切入，但卻反轉回來凸顯自己的優勢，也可以讓人印象深刻：

「跟我相處過的人，普遍都用懶散來形容我……，所以懶散應該是我的缺點，但正因為如此，我向來希望快速把行政作業做好，留時間給孩子。我改良了教學日誌的寫法，可以快速完成。」

「我其實不太喜歡跟家長打交道……正因為如此，我反而可以體會一些不太想積極參與學校活動的家庭的心情，這也促使我提供了多元的親師溝通管道，像是……」

「忘東忘西是我常獲得的評價，但為了幫助自己不要忘掉重要的事情，所以我養成了一個習慣叫做馬上辦，擔任行政職務的時候，我手邊可以處理的事情我一定馬上處理好，不拖到隔天，如果真的有需要，我則是會記錄在明顯的地方提醒自己，為了怕忘記重要事情，我還會把一些事情進行排序，避免自己忘東忘西……」

後記

這爛透了的教育現場——給初任教師二三話

　　指導過許多學生進入職場，但每年9月開學初，大概都在這時候，我那些考上正式教師的學生們都會哭著告訴我，他們覺得教職現場好糟糕，為什麼遇到的那些人對於課程和教學一點都不精進？每次只要自己想改變什麼，就覺得有千萬噸的阻力跟一堆冷言冷語。

　　這時，我都會笑笑跟他們說：「那就開始準備重考吧，還是要去賣雞排？」、「不過考到哪裡都一樣，除非回來跟我搭班」、「賣雞排也會被冷言冷語」。最後，也就是了無新意的結論：「真實的職場就是這樣」。

　　記得我初任職場第一年擔任巡迴輔導教師，人家說「新官上任三把火」，我則是「新手上路三十把火」。我把滿腔的熱血全部投入職場，用盡自己所學的所有專業知識跟普通班老師合作，討論教學、發揮我的專長來教育家長。

　　但各位猜想結果如何呢？現在想起來還是歷歷在目，我被我巡輔的學校捅了很大的回馬槍，他們覺得我越矩，並認為我的做法相當糟糕，毫無專業可言，然後直接跟我的上司投訴。但重點是，我在實務現場與他們相處，大家都非常客氣，也都給我肯定。可背後真實的芒刺，卻讓我弄得滿身是傷，那一次，我真的非常受傷。而這段經歷，奠定我往後職場很多的哲學，也是我希望跟初任老師們分享的。

一味定義自己的好，等同在宣判別人的壞

　　新手的熱忱，會讓我們急於驗證自己在實習階段的教學經驗，所以一進到職場當中，就發現很多的不理想，我們會想用盡全力想要改變這些。其實這個熱血的心態沒有什麼不好，只是重點在於，如果我們總是盡力在強調自己的專業、自己過去經驗有多好，就算你沒有實質地說出：「我覺得妳這樣不好」，這也是等同於在告訴對方：「你們現在做的是錯的」，這行動產生的傷害，也遠比說出口來得大很多。

　　區區一只菜鳥，就想證明自己的專業，在我們老鳥看來，也不過就只是夜郎自大而已，不挫挫你的銳氣怎麼可以呢？我不覺得現場老鳥都很專業（因為我都看不到），可是，如果菜鳥一開始就氣焰高漲，就只能等著被撲滅。**不要過度渲染自己認為的「正確」，才能避免讓別人產生「我不好」的錯覺。**

教育的核心在課程與教學，但教育的現場卻不是只有課程與教學

　　許多新手老師看見園內的課程可能停滯不前，或者有很多簿本，就會有滿滿的想要改革的慾望與衝動。然而，雖然課程與教學是教育的核心，可是要經營一個園所，並不是只有課程與教學就辦得到，更甚者，如果你要問行政與教學哪一個比較能讓園所生存？我會毫不猶豫地告訴你：「**拿掉教學，園所還可以活得下去，但是拿掉行政，就大勢已去。**」

　　新手進來職場後就會慢慢清楚，在現場當中，百分之九十做

成為
你心中的好老師

的大概都是跟教學專業無關的事情，但這些事情又非做不可，你僅剩餘百分之十的時間可以經營教學。

太多的現場都是被淹沒在一堆鳥事當中，在這樣的脈絡底下還要精進個什麼鬼課程，根本是一種相當辛苦的事情，絕對不是多數人可以做到的。而更詭異的是，**「教學教不好沒人管，行政做不好會很慘」**，所以，**對多數人來說，行政比教學重要多了。**

回到前述，也就是說你進去所看到的停滯的狀態，絕對不會只是因「老師個人不長進」的因素造成的，這當中還有很多親師文化、職場文化、場域特性、行政效率……等，**這狀態就是在這複雜的關係底下，巧妙地維持一個平衡。如果沒有看透這當中的脈絡與關係，就妄自想要改革課程，無疑是一種以卵擊石的愚蠢行為。**

一個園所課程要好，首先它的行政系統必然要健全（光想學習區所要的素材，沒有好的行政系統根本撐不起來），然後人員流動度要低，校園文化也要有足夠的支持才也可能把課程與教學拉上來。是以，如果這些基礎沒有奠定，課程與教學根本無從談起。倘看不透這點還要執意推行改革，最終也只是遭白眼。

與人的關係首重一切，關係不好的改革注定失敗

中國有句俗話：「有關係就沒關係，沒關係就有關係」，職場上這句話更是無往不利。試想：在生活當中，同樣一句話，信任的人說出來的你就會深深同意，不熟的人說出來的大概就覺得是放屁。

228

希望改變職場文化，首先一定要與同事培養足夠的關係。

我在公立幼兒園的第一年，之所以能和同事相處合宜，其關鍵就在一場下班後的薑母鴨聚會，在路邊的薑母鴨攤，我和同事把酒言歡，暢所欲言。隔天酒醒之後，我就跟大家就變好朋友了，我也才有機會逐漸深入談起課程與教學的內涵。

要知道在商業的現場，有很多很多重要的訂單，都是在高爾夫球場、飯店或其他非正式的場合產生的，職場中，很現實的一段就是：「如果我跟你關係夠好，多做什麼我都甘願，如果我們一點關係都沒有，很抱歉就只能照規矩來」。

莫說別人，我自己也是如此，和我關係夠好的老師，我都肯為他兩肋插刀，那些與我關係不好的邪魔歪道，我就會拿刀插他兩肋。

課程改革的關鍵在人，人不對，一切都不對，所以，在沒有與人建立起足夠的關係之前不要切入改革要點，除非你有足夠的權力，不然這注定是一場失敗的改革。

不要只用課程與教學來評斷你遇到的同事。好老師的意象不是只有一種

我明白也同意課程與教學是教師的根本，但在職場的經驗讓我開始發現，所謂的好老師不會只有我們心中的那種意象。

一位我很景仰的特教前輩，他對孩子很用心，對家長很要求，對學生付出的心力往往超出我的想像，是一位大家都敬佩的老老

師。可是他會在我面前大肆批評這些課綱與評量都是個屁，是那些坐辦公室不懂現場的狗官寫出來的東西，他一點都不屑執行。但我還是深信他是個好老師，因為我確實能理解，對他來說，要能跳脫出制式的課程與教學，才可能真的讓孩子學習到重要的生活知識與內涵，所謂的教育，不是只遊走在教案與指標的連結，更不是那些看起來很美的課程發展歷程。孩子的生命有沒有真實的改變並過得更好，才是他身為教師首要關切的。

回歸到教育的本質，**誰說好的老師只有一種意象呢？並不是只有循規蹈矩依著國家課程操作的人才足以稱為好老師。**每位老師有其信奉的教學理念與做法，我覺得，只要他清楚自己的所作所為，也願意為孩子的學習鋪陳與貢獻，那用哪種方法一點都不重要。

因此，當見到自己同事並非熱衷於和你討論課程與教學時，你可以多和他聊聊，深入理解他的想法，你就可能會對他改觀，**說不定他只是對你的想法沒有興趣，但不表示他沒有想法。**

很多事情只看表像是無法理解透徹的。在我的教學現場，大一大二的學生觀摩時，如果我後來沒有提出說明，他們一定是看不懂我在幹嘛，有時候也會誤解我的行為，因為他們對我的場域跟信念理解的不夠深入，容易對我有錯誤的解讀。

所以，**新手老師應該要問問你自己，你對這個同事了解夠深嗎？知道他付出了哪些努力嗎？明白他的信念與想法了嗎？**這些問題都是需要時間好好去探索與經營，沒有這些東西，只是強調改革，我覺得那只是單純的一廂情願罷了。

「有目的的去做什麼」是最容易的，能「有目的的不做什麼」才是最困難的

那麼談到這裡，初任教師進到職場的前幾年應該做些什麼？我希望各位有抱負的新手老師，要「**有目的什麼都不要做**」，你們唯一該依循的就只是「**仔細看，學著做，用心問，認真聽**」。

滿腔的熱血跟理想請先放到一旁（**但請不要熄滅它……**），在教學的第一年，你給自己的目標應該是要先熟悉園所的一切業務跟文化，先清楚這裡的一切是為何產生，根源是什麼，可能有哪些困難，在職場當中哪一群人較多的主導權，有哪些老師熱衷於討論教學……，這些都要仔細看，對一切的制度都好好學著做。

待你熟悉之後，對有疑問的地方開始提出，**不要擔心在這個階段被白眼，好的老師能告訴你他的想法與考量，說得有理就值得深交，那些你問了但說不出重點來的同事也可以準備放生**。這樣，你就可以大致上知道該與那些人合作。

第一年你或許備感壓力與挫折，但在第二年後，你應該要開始有些嘗試，先從細部著手，一點一滴改變，並找尋適合的同伴。第三年，要能根據前兩年的經驗，從園所整體結構當中，找出最能施力的改革點，然後全力衝刺，這樣課程改革才有可能成功。就算是失敗也不要灰心，因為我們在職場還有30年可以努力！

求生期的三年過後，千萬不要讓自己心中那片名為初衷的火苗熄滅了。再糟糕的狀況，只要你身為一名正式老師，就一定有能做的地方。三年之後，**才是真實考驗你教學熱誠與技術的修羅場，要能十年後還是熊熊大火的熱忱，才不會真的愧對教育現場**

與孩子們。到那時候，我就希望你好好教教剛進到職場的新手老師，努力地磨練並且呵護他們，讓他們繼續成長茁壯。

最後，我想說關於課程改革，有夥伴當然是最好的，因為可以一起奮鬥努力，**但就算找不到夥伴，既使受盡了冷嘲熱諷，你也應該要做**，因為正如甘地說的：「你所做的一切看在他人眼裡就算毫無意義，你也非做不可，這樣做的目的不是改變世界，而是為了讓你不要被世界改變。」

請努力不要被這個無情的教育現場改變吧！

加油，新手老師們！

附錄：
歷年口試常見題目

成為
你心中的好老師

歷年口試常見問題整理——幼教/教保員

個人相關/教育信念

1. 自我介紹（1或2分鐘版本）。

2. 個人專長/特質是？怎麼運用於幼兒園的課程設計/班級經營上？

3. 為什麼想當公立幼兒園老師？（為什麼不到私幼工作？或當教保員？）

4. 最近讀過什麼書？啟發是？

5. 教育理念是？

6. 座右銘是？

7. 怎麼適應新園所？新縣市？

8. 代課期間印象最深/教學最快樂/最有成就感的是？

9. 如何紓解壓力？

10. 為什麼要考這個縣市？未來有想要調動？

11. 已經是教保員，為什麼想考教師？有什麼不同？

12. 學習過程遇過甚麼樣的困難？如何突破這個困難的？

13. 你還有其他專業專長嗎？要如何運用到教學上？

14. 實習教學現場與大學所學有所差異，有沒有發現哪些是自己在職場尚未具備的？該如何準備以順利進入職場？

15. 你會用哪五個形容詞來形容自己的特質？

16. 你為何會想當幼教老師？

17. 請給我三個一定要錄取你的理由。

課程與教學/班級經營

1. 現在單親家庭的孩子很多，遇到特別節日（母親節）你要如何處理？

2. 如果分發到偏鄉地方，有較多新住民及原住民，你會進行什麼樣的教學策略？

3. 教案與實際教學你覺得有甚麼落差？試教完後有何省思？

4. 學校推動的現行教育政策（性別教育、衛生教育等）如何融入到課程裡？

5. 如果遇到特殊節慶日，要如何融入教學裡？

6. 因單親家庭很多，據此，有沒有相關教學策略來因應（如遇到母親節）？

7. 如何把多元文化融入課程裡面？

8.　班上有很多隔代教養和新住民孩子，如何協助他們？

9.　自己的班級經營重點為何？

10.　開學前會做哪些準備？

11.　班親會的重點為何？

12.　家庭聯絡本的功用？看法？

13.　偏鄉資源上有所限制，社區教學資源也不夠的話，你要如何進行課程？有何教學策略來獲得支援或支持？

14.　你對新課綱了解的程度有多少？你如何運用它來規劃課程？

15.　說說你自己會如何規劃班級內的學習區環境。

16.　如何運用社區資源？

行政類

1.　新園所要你接手園主任，你願意嗎？怎麼適應？

2.　園所主任要你接手行政，你願意嗎？怎麼適應？

3.　你是初任教師，新到學校行政工作非常多，第二年就要你接任代理主任，你如何處理？

4.　如何協助園所發展園所特色？

5.　如果你是主任，你要如何發展園務長短期目標？

6. 少子化的時代，怎麼協助園所招生？

7. 如何實施無障礙環境教育？

8. 你有接觸過基礎評鑑嗎？對基礎評鑑了解少？對評鑑有什麼看法？可以幫上什麼忙呢？

9. 你要如何讓學校接受你的活動建議？

10. 你贊成在幼兒園內裝監視器嗎？

11. 你覺得公幼跟非營利幼兒園哪一個比較好？

同儕關係

1. 你是初任教師，如何與搭班老師合作？

2. 與搭班教師意見不合怎麼辦？

3. 如遇到現場之教師只喜歡進行節慶教學，完全不進行主題教學？該如何與該教師溝通？

4. 你是男老師在一堆女老師的工作環境中，要如何自處？覺得優勢在哪？

5. 你該如何拉近與同事之間的距離？

親師溝通

1. 搭班教師較傳統，要求ㄅㄆㄇ注音教學，你會怎麼溝通處理？

2. 家長家中的一個寶貝上學，家長每天在教室外站崗/過度關切，你會怎麼處理？

3. 單親幼兒你需要特別留意什麼？

4. 家長為監護權到學校搶人，你會怎麼處理？

5. 家長不滿教師教學，要求將幼兒轉班，你會怎麼處理？

6. 家長來接幼兒，卻發現幼兒不在教室，該怎麼處理？

7. 幼兒未到園上課，怎麼處理？

8. 如果家長希望你每天寫聯絡簿及電話連絡，要如何回應？

9. 家長喜歡你的方式，卻覺得你的協同老師冷漠，要如何提高家長的接受度？面對家長你有哪些策略？

10. 如何說服家長認同你是專業的？

11. 家長回去發現孩子身上有傷，找你理論時該怎麼辦？

特殊教育

1. 社交技巧上有困難的孩子，如何設計教學？

2. 如果你班上有特殊生，如何與家長進行溝通？

3. 你知道亞斯伯格症嗎？如果班上有這樣的小孩，如何教學？

4. 有遇過學習困難的學生嗎？如何因應？

5. 現在很強調融合教育，請問如果你班上有身心障礙的孩子你會怎麼設計課程？

6. 如果你班上有位特生的孩子打人，家長很激動要趕走他，你會怎麼處理？

7. 如果你班上的小孩很明顯表達討厭某位身心障礙幼兒，你會怎麼處理？

8. 如果你發現班上有發展篩檢沒有通過的孩子，你該如何？

9. 若班上有位明顯遲緩的小孩，但是家長拒絕承認，該怎麼辦？

10. 班上若有ADHD/自閉/情緒障礙/亞斯柏格/氣喘/聽障/視障/發展遲緩/蠶豆症/癲癇幼兒，你該注意什麼？

危機/行為問題處理

1. 教室內突然發生食物中毒/腸病毒/流血/性侵/家暴/跌倒/骨折情況，怎麼處理？

2. 幼兒的偏食/說謊/偷竊/獨生子溺愛嬌寵/過度分離焦慮/爭奪玩具情況，你會怎麼處理？

3. 班上有女/男孩子跟你說她下面很痛，你會怎麼處理？

成為
你心中的好老師

歷年口試常見問題整理——學前特教

個人相關／教育信念

1. 你從多久開始想選擇從事學前特教？

2. 描述印象最深刻的事？

3. 為何不在機構而想要進學校教學？

4. 為何放棄去教國小特教，來教學前特教的孩子？

5. 你如何規畫考上教師後的教師專業成長？

6. 你認為特教的核心價值是什麼？

7. 你覺得特教老師的人格特質應該有哪些？

8. 你做好了什麼準備來成為一位教師？

9. 你有何特質可當特教老師？

10. 您如何針對學生的能力進行課程的調整？

11. 如果你成為正式老師，兩年後我走進你的班級，你希望我看到什麼樣的景象？

12. 未來的30年，如何持續以這麼正向積極的態度面對特教工作的推行？

13. 你認為教學上最困難的是什麼？

14. 特教生的進步需要很久的時間，請問你要怎麼從中獲得成就感？

15. 教學生涯中，最正向、最負向的事情？

16. 請說你一個缺點和你的一個強項。

17. 從你的經歷，我們知道你缺乏帶班經驗，你怎麼想來考學前？

課程設計/調整與教學策略

1. 你有運用過哪些教學策略教導特殊孩子？

2. 你知道幼教新課綱嗎？如何與特教課程做結合？

3. 對於情障幼兒能提供幼兒園老師哪些策略？

4. 如何設計課程內容讓幼兒能夠與一般小朋友一起上課？

5. 知不知道幼教大綱有哪些領域？

6. 你在學前特教班裡設計什麼課程？

7. 你的教學主要以什麼方式教學，請具體說明？

8. 如果班上有情障的孩子，請問你該如何教學？

9. 如果班上有自閉症的學生，一直無法容入班上的同學，你該如何處理？

10. 那如果自閉症的孩子上課都不學習，身為教師你該如何是好？

11. 如何在十二年國教中提升特殊教育品質？

12. 十二年國教對特教的衝擊？

13. 你教學和課程設計的特色為何？

14. 你教學上的優勢是什麼？

15. 班級設備需要什麼，有哪些？

16. 孩子教不會你該怎麼辦？

17. 對你來說，哪種障別的孩子在教學上是最困難的？

18. 如果一個視障生在普通班，你要如何輔導他？

19. 行政（特教組長）與教學的差異？

20. 開學第一個月內的班級經營？

鑑定/評量/轉銜

1. 你對學前特殊孩子有哪些認識及教學上的經驗？

2. 如果家長不同意孩子鑑定我會怎麼做？

3. 對當前增加鑑定的機制或次數，你有何看法？

融合教育

1. 你覺得學前融合班跟機構日托班在課程設計上哪裡不一樣？

2. 你能否舉幾個學前融合班使用的教學模式？並解釋。

3. 請說出你認爲學前融合班和學前特教集中班可以用的策略各三個（指定只能用專有名詞，不給你用解釋作法混過）。

4. 請教一下你對融合班的看法？

5. 請具體說明融合班的教學方式？

6. 如果班級是集中式班級，該如何做融合教學？

7. 請再說明一下，如果學校只有特殊學生，該如何做融合教學？

8. 融合教育執行的困難在哪裡？

9. 請說說影響融合教育成效的因素及改善的方法。

10. 覺得特教教師與普通教師最大的差異在哪裡？

11. 比較特幼班/分散式資源班/巡迴輔導班的差別、排序喜歡哪一個？

巡迴輔導/協同合作

1. 如果你是學前巡迴教師，輔導的幼兒園教師對於特殊幼兒較沒耐性，總是你一去就急著把學生丟給你，似乎自己可以鬆

　　　　一口氣，請問你要如何改善這樣的情形？

2.　如果幼兒園教師不知道該如何教特殊幼兒，又沒有相關經驗，那你該怎麼增進幼兒園教師的特教觀念與教學技巧？

3.　如果一個特殊幼兒的家長隱瞞幼兒的特殊情況，幼兒入幼兒園就讀後，出了許多狀況（如攻擊行為），那你該如何協助班導師？

4.　接續上題，如果該班家長連署要特殊幼兒轉學，那你該如何協助幼兒園園長及教師解決此問題呢？如果幼兒園教師發現班上有幼兒需要特殊教育，但家長怕被標籤而不願意接受心評及服務，那你該怎麼做？

5.　你如何跟普通班教師合作、國小端老師合作？

6.　如果你是巡迴輔導教師，你會怎樣經營教學？

7.　普通師不接受建議與協助，特教老師該如何幫助該名學生？

8.　和你的搭檔不合，你該怎麼辦？

9.　如果普通班老師對你說「你教給我看」怎麼辦？

10.　你認為特教老師可以跟普通班老師學習得是什麼？你能提供什麼專業協助？

11.　資深老師寫IEP寫得不好該怎麼辦？

12.　普幼老師需要什麼協助？

生活自理/行為問題處理

1. 解釋正向行為支持。

2. 情障兒霸凌他人，如何處理？什麼是霸凌？

3. 發現普通班學生被霸凌，你該如何處理？要從哪個角度切入？

4. 如果學生在普通班上有攻擊行為，例如打旁邊的同學，如何處理？

5. 你班上有一位有嚴重問題行為的自閉症學生，你該怎麼處理？

6. 如廁的教學方式，使用在重度學生，你會和助理員怎麼搭配？

7. 一位學生在課堂上發生問題，如逃走，你會如何解決？

親師溝通

1. 家長不讓特殊生服藥，怎麼辦？

2. 如果你和家長立場不同（要孩子暫緩入學），要如何溝通？

3. 家長對學生的期望很高，但又不配合學校事務，你會怎麼辦？

4. 很多家長不願意承認自己的孩子有障礙，你要如何說服家長接受事實？

5. 比較專長的障別是什麼？和家長看法不同？如何溝通？

6. 家長質疑你的教學怎麼辦？

7. 如果你在上課的時候有家長衝進教室要跟你談，你會怎麼辦？

國家圖書館出版品預行編目資料

成為你心中的好老師：幼教甄選自我成長學習手
冊／楊逸飛著. --初版.--臺中市：白象文化事業
有限公司，2022.8
面；　公分
ISBN 978-626-7151-12-9 (平裝)
1.CST：教師專業資格 2.CST：幼兒教育

523.26　　　　　　　　　　　　　111007032

成為你心中的好老師：
幼教甄選自我成長學習手冊

作　　者　楊逸飛
校　　對　楊逸飛
發 行 人　張輝潭
出版發行　白象文化事業有限公司
　　　　　412台中市大里區科技路1號8樓之2（台中軟體園區）
　　　　　出版專線：（04）2496-5995　　傳真：（04）2496-9901
　　　　　401台中市東區和平街228巷44號（經銷部）
　　　　　購書專線：（04）2220-8589　　傳真：（04）2220-8505
專案主編　陳媁婷
出版編印　林榮威、陳逸儒、黃麗穎、水邊、陳媁婷、李婕
設計創意　張禮南、何佳諠
經紀企劃　張輝潭、徐錦淳、廖書湘
經銷推廣　李莉吟、莊博亞、劉育姍、林政泓
行銷宣傳　黃姿虹、沈若瑜
營運管理　林金郎、曾千熏
印　　刷　基盛印刷工場
初版一刷　2022 年 8 月
定　　價　350 元

白象文化　印書小舖 PressStore　出版 · 經銷 · 宣傳 · 設計
www·ElephantWhite·com·tw　自費出版的領導者　購書 白象文化生活館